文字 强國의
自尊心 **KTA**
대한검정회
Korea Test Association
추천 도서

KB153262

대한검정회

漢字

漢字급수자격 7급

7급

☑ 가장 빠른 한자자격취득 지침서

☑ 7급 100%합격 프로그램

☑ 실전대비 예상문제 20회 수록

한출판
WWW.hanjanara.co.kr

대한검정회
漢字
漢字급수자격 7급
7급

| 편 저 | 이용재
| 편 집 | 김성화 최고호 김미연
| 디자인·삽화 | 윤지민 나현순 주승인

| 초판발행 | 2009년 01월 15일
| 15쇄 인쇄 | 2024년 09월 25일
| 발행인 | 서순길
| 발행처 | 한출판
| 등 록 | 05-01-0218
| 전 화 | 02-762-4950

ISBN : 978-89-88976-43-2

목차

교재활용법 5
한자공부의 기초 9

첫째마당(본문학습편)
1. 읽기 과정 14
2. 본문 학습과정 16
   1)한자훈음 및 부수와 연상그림 영역
   2)한자쓰기 영역
   3)한자의 유래와 활용 낱말 영역
   4)단원별 확인학습 영역
3. 사자성어 학습과정 40

둘째마당(응용편)
1. 대한검정회 선정한자 7급 표제훈음 영역 44
2. 부수 영역 45
3. 반의자 영역 46
4. 두음법칙자 영역 46
5. 이음동자 영역 47
6. 활음조 영역 47
7. 한자어 사전 영역 48

셋째마당(예상문제편)
1. 7급 예상문제 20회 수록 60
2. 모범답안 120

교재활용법

이 책은 초학자(初學者)의 한자 학습을 보다 효과적으로 이끌어 내기 위해 다양한 문제 풀이로 유아들이 자연스럽게 한자를 익히게 한 것입니다.

이 책은 학교 및 학원, 한문서당, 유치원, 어린이집 등에서 한자교육에 입문하는 초학자의 漢字입문서(入門書)로 보다 쉽고 재미있게 흥미를 갖고 체계적인 학습이 이루어질 수 있도록 학습자(學習者)의 편의와 지도자(指導者)의 요구수준을 가장 적합하고 효과적으로 충족시킬 수 있도록 구성되었습니다.

이 책을 활용하기 앞서 다음의 내용을 숙지하시면 보다 체계적이고 효과적으로 단계별 프로그램식 한자학습(漢字學習)이 이루어지리라 사료됩니다.

이 책은 첫째마당 본문 학습편, 둘째마당 응용편, 셋째마당 예상문제편을 수록하여 단계별 영역에 따라 구성하였습니다.

본문 학습편 (本文 學習篇)

첫째마당 본문 학습편은 1)읽기 과정 2)본문 학습과정 3)사자성어 학습과정으로 체계적이고 과학적인 한자학습 프로그램이 이루어질 수 있도록 구성하였습니다.

1) 읽기 과정
국가공인 대한검정회 선정한자(選定漢字) 50字(7급)를 바탕으로 실생활에서 많이 쓰이는 낱말을 한자어로 만들어 본문 학습에 따른 예습과 복습을 위해 읽기과정을 구성하였습니다.

2) 본문 학습과정
(1) 한자 훈음 및 부수와 연상그림 영역에서는 한자에 따른 훈음, 부수, 총획, 영문을 漢字옥편 형식으로 수록하였고, 그림을 통해 연상학습을 할 수 있도록 하였습니다.

(2) 한자쓰기 영역에서는 기존의 획일화된 필순(筆順)에서 탈피하여 현장감을 가미, 획기적이고 실용적으로 글자 한 획 한 획을 직접 화살표 방향으로 써가며 필순을 익힐 수 있도록 하였고, 바른 글씨 쓰기와 글씨 교정을 위해 서예에서 적용하는 "米"(쌀미)자 방식의 습자란(習字欄)을 수록하였습니다.

(3) 한자의 유래와 활용낱말 영역에서는 한자의 유래에 의한 자원학습과 낱말을 국어사전을 참조하여 수록하여 한자와 우리말을 자연스럽게 학습할 수 있도록 하였습니다.

(4) 단원별 확인학습 영역에서는 본문에서 학습한 내용을 다양한 문제를 통하여 문제해결 능력을 배양하고 학습능력을 평가하도록 하였습니다.

3) 사자성어 학습과정
사자성어를 연상그림과 함께 쓰면서 익힐 수 있도록 하였으며 성어풀이와 활용 예문을 수록하였습니다.

응용편 (應用篇)

1) 부수 영역 한자의 뜻을 모아 자전을 만들 경우 찾아보기 쉽게 배열하기 위하여 수많은 한자의 형태를 분석하여 서로 공통되는 부분이 있는 글자들끼리 모은 것을 부수(部首)라 하는데 자전의 부수 나열 순으로 각 부수에 해당되는 한자들을 정리·수록하여 한자의 부수를 이해하게 하였습니다.

2) 표제훈음 영역 본문에서 학습한 한자(50字)를 국가공인 기관인 대한검정회에서 채택한 표제훈음으로 정리하여 예습·복습할 수 있도록 하였습니다.

3) 반의자 영역 글자의 뜻이 서로 반대되거나 상대적인 뜻을 갖는 한자를 수록하여 학습하게 함으로써 우리말의 반대·상대적인 개념을 자연스럽게 이해할 수 있도록 하였습니다.

4) 두음법칙자 영역 우리말에서 첫소리의 'ㄹ'과 'ㄴ'이 각각 'ㄴ'과 'ㅇ'으로 발음되는 것을 두음법칙이라 하는데 이에 해당하는 한자를 수록하여 한글 맞춤법을 보다 효과적으로 자연스럽게 학습할 수 있도록 하였습니다.

5) 이음동자 영역 한 글자가 여러 가지의 훈음을 갖는 한자를 수록하여 학습 하게 함으로써 우리말의 정확한 발음을 유도하도록 하였습니다.

6) 활음조 영역 발음하기가 어렵고 듣기 거슬리는 소리에 어떤 소리를 더하거나 바꾸어, 발음하기가 쉽고 부드러운 소리로 되는 음운 현상을 학습하게 함으로써 우리말의 정확한 발음을 유도하도록 하였습니다.

7) 한자어사전 영역 본문에서 학습한 한자(50字) 범위 내에서 일상생활에서 많이 사용되어지고 있는 낱말을 수록하여 학습자에게는 낱말의 활용능력을, 지도교사에게는 많은 예문으로 사용할 수 있도록 하였습니다.

예상문제편 (豫想問題篇)

　　국가공인 대한검정회 시행 한자급수자격검정시험 및 전국한문실력경시대회에서 시험문제로 출제될 수 있는 예상문제 20회 분량을 모범답안과 함께 수록하여 학습자들의 학습능력 정도를 파악하고, 한자자격시험을 통해 한자자격증을 취득할 수 있도록 하였을 뿐만 아니라, 전국한문실력경시대회의 수험서로 활용할 수 있도록 하였습니다.

한자 공부의 기초

한자의 기원설(起源說)

한자는 원래 문(文)과 자(字)라는 이름으로 생성된 것이며, 언제부터 창제된 것인지는 정확히 말할 수 없습니다. 다만 고대 임금인 복희씨(伏犧氏)가 최초로 서계(書契)를 만들어 주역(周易)의 근거를 마련하였다고 전해지며, 그 후 황제(黃帝)의 신하였던 창힐(蒼頡)이 새 발자국을 보고 새의 종류를 구별할 수 있었던 데서, 처음으로 문자(文字)를 만들게 되었다고 합니다.

모든 고대문자의 근원이 그러하듯이 한자(漢字)도 그림에서부터 출발하여 오늘날의 정형화된 문자로 발전하게 된 것입니다.

한자의 3요소 (모양[形]·소리[音]뜻[義])

한자는 글자마다 고유한 모양[形(형)]·소리[音(음)]·뜻[義(의)]의 3요소를 갖추고 있습니다. 따라서 한자를 공부할 때에는 이들 3요소를 한 덩어리로 동시에 익혀야 합니다.

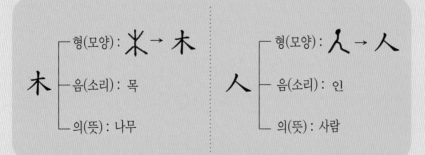

木
- 형(모양) : 米 → 木
- 음(소리) : 목
- 의(뜻) : 나무

人
- 형(모양) : 人 → 人
- 음(소리) : 인
- 의(뜻) : 사람

한자의 필순(筆順)

(1) 필순의 정의 : 글자를 쓸 때 획을 긋는 순서를 '필순'이라 한다.
(2) 필순의 원칙 : 한자를 짜임새 있고 편리하게 쓰기 위해 합리적인 순서를 정한 것이며, 개인·국가·서체에 따라 달라지는 경우가 있다. 우리나라에서 일반적으로 적용되는 필순의 원칙을 몇 가지로 정리하면 다음과 같다.

❶ 위에서 아래로 쓴다.

❷ 왼쪽에서 오른쪽으로 쓴다.

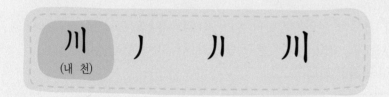

❸ 가로획을 먼저 쓰고, 세로획은 나중에 쓴다.

❹ 좌우 대칭을 이루는 글자는 가운데를 먼저 쓰고 왼쪽, 오른쪽 순서로 쓴다.

水 (물 수) 丿 刁 水 水

예외] 火

❺ 글자 전체를 세로로 꿰뚫는 획은 맨 나중에 쓴다.

中 (가운데 중) 丶 口 口 中

❻ 글자 전체를 가로로 꿰뚫는 획은 맨 나중에 쓴다.

女 (여자 녀) 〈 乆 女

예외] 世

❼ 몸과 안으로 된 글자는 몸을 먼저 쓴다.

四 (넉 사) 丨 冂 四 四

❽ 삐침과 파임이 만날 경우에는 삐침을 먼저 쓴다.

父 (아버지 부) 丶 八 父 父

❾ 받침으로 쓰이는 글자 중 '走'나 '是'는 먼저 쓴다.

| 起 (일어날 기) | 一 | 十 | 土 | 耂 | 丰 | 走 | 起 | 起 |

| 題 (제목 제) | 丶 | 日 | 旦 | 早 | 是 | 是 | 題 | 題 |

❿ 받침으로 쓰이는 글자 중 '辶'이나 '廴'은 맨 나중에 쓴다.

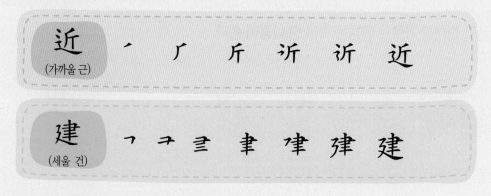

| 近 (가까울 근) | 丶 | 厂 | 斤 | 斤 | 近 | 近 | 近 |

| 建 (세울 건) | 一 | 彐 | 彐 | 聿 | 聿 | 建 | 建 |

⓫ 오른쪽 위의 점은 맨 나중에 쓴다.

| 犬 (개 견) | 一 | ナ | 大 | 犬 |

| 戈 (창 과) | 一 | 弋 | 戈 | 戈 |

본문학습편

첫째마당

1. 읽기 과정

2. 본문 학습과정

    1) 한자훈음 및 부수와 연상그림 영역

    2) 한자쓰기 영역

    3) 한자의 유래와 활용 낱말 영역

    4) 단원별 확인학습 영역

3. 사자성어 학습과정

읽기 과정

小
中
下
右
外

大
年
上
左
內

읽기 과정

出	入
目	口
手	足
江	山
靑	白

big

큰 대
(大, 총3획)

大 大 大 大 大 大

여러분! 함께 공부해 봅시다.

 한자의유래
정면에서 사람의 머리와 두 팔과 두 다리를 본뜬 글자로, 사람이 두 팔을 벌리고 똑바로 서 있는 모습은 인간이 만물의 영장이므로 '크다'는 뜻을 나타낸다.

활용낱말
大江(대:강) : 큰 강.
大門(대:문) : 집의 정문.

small

작을 소
(小, 총3획)

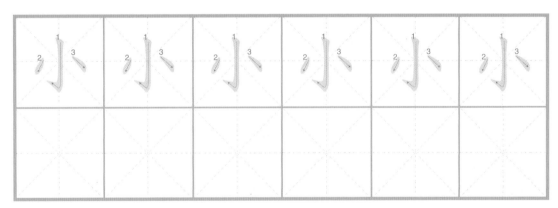

大小 : 크고 작음. 예문) 두 수의 大小를 구분하여 크기를 알아봅시다.

 여러분! 함께 공부해 봅시다.

 **한자의유래**
아주 작은 물건(ㅣ)을 다시 둘로 나눈다(八)는 데서 '작다'라는 뜻을 나타낸다.

활용낱말
小門(소:문) : 작은 문.
小木(소:목) : 작은 나무.

year

해 년
(干, 총6획)

年 年 年 年 年 年

여러분! 함께 공부해 봅시다.

한자의유래
사람이 익은 곡식을 짊어지고 돌아오고 있는 모습으로, 나중에 곡식이 익어서 수확하게 될 때까지의 기간이라는 데서 '해, 나이'를 의미하게 되었다.

활용낱말
年金(연금) : 일정 기간 또는 평생에 걸쳐서 해마다 지급되는 일정액의 돈.
年上(연상) : 나이가 위임. 또는 그 사람.

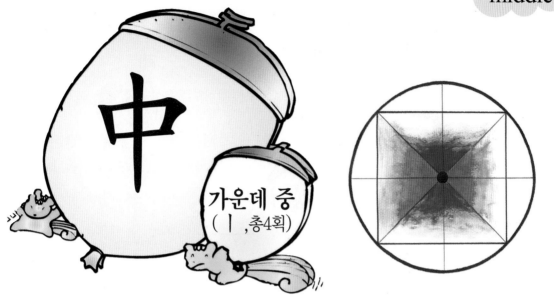

middle

가운데 중
(| , 총4획)

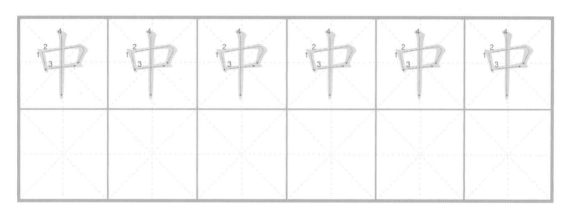

🌱 年中 : (그 해의) 한 해 동안. 예문) 이 상점은 年中 쉬는 날이 없습니다.

여러분! 함께 공부해 봅시다.

어떤 물건(口)의 가운데를 꿰뚫은(|) 모양에서 '가운데'를 뜻하며, 과녁을 꿰뚫었다는 데서 '맞히다'는 의미를 나타낸다.

中東(중동) : (유럽을 기준으로 한) 극동과 근동의 중간 지역으로 곧, 지중해 연안의 서남아시아 및 이집트를 포함한 지역.

above

위　　상
(一, 총3획)

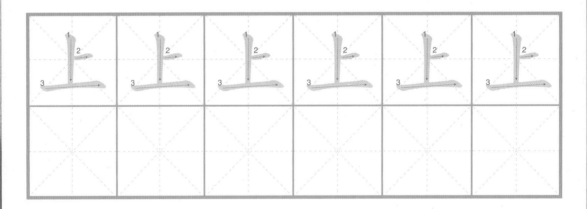

여러분! 함께 공부해 봅시다.

한자의유래 하나의 긴 선 위에 짧은 선이 놓여 있음을 가리키며, 이는 어떤 기준선 '위'를 나타낸다.

활용낱말 山上(산상) : 산의 위.
上手(상:수) : 남보다 나은 솜씨나 수. 또는 그 사람. 고수(高手).

below

아래 하
(一, 총3획)

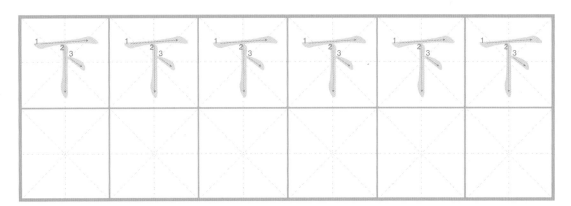

上下 : 위와 아래. 예문) 민주국가는 국민의 上下 구분이 없습니다.

여러분! 함께 공부해 봅시다.

한자의유래 하나의 긴 선 아래에 짧은 선이 있음을 가리키며, 이는 어떤 기준선 '아래'를 나타낸다.

활용낱말 下女(하:녀) : 여자하인. 계집종.
下山(하:산) : 산에서 내려옴.

left

左

왼 좌
(工, 총5획)

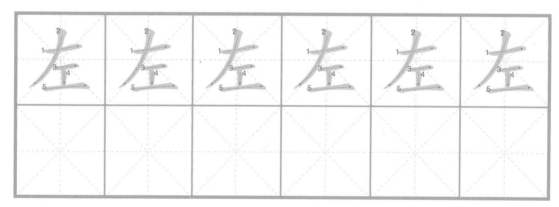

여러분! 함께 공부해 봅시다.

한자의유래 왼손에 도구를 쥐고 오른손을 도와주는 '왼손' 즉, '왼쪽'을 나타낸다.

활용낱말
左手(좌:수) : 왼손.
左右(좌:우) : 왼쪽과 오른쪽.

right

右

오른 우
(口, 총5획)

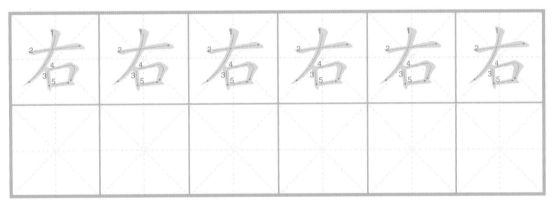

🌱 左右 : 왼쪽과 오른쪽. 예문) 도로를 건널 때는 左右를 잘 살펴야 합니다.

여러분! 함께 공부해 봅시다.

한자의유래 오른손을 본뜬 글자이며, 일을 할 때에 오른손만으로 모자라 입으로도
돕는다는 데서 '돕다'는 의미를 갖기도 한다.

활용낱말 右手(우:수) : 오른손. ↔ 좌수(左手).
右足(우:족) : 오른쪽 발.

安 내
(入, 총4획)

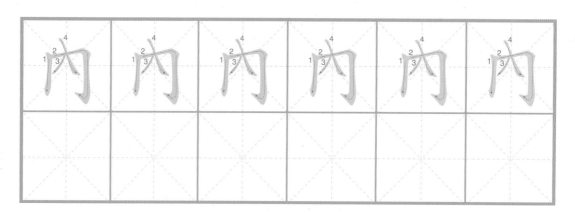

 여러분! 함께 공부해 봅시다.

한자의유래 집이나 실내로 들어가는 것을 나타낸 글자이다.

활용낱말
山内(산내) : 산 속.
年内(연내) : 그 해 안. 그 해가 다 가기 전.

outside

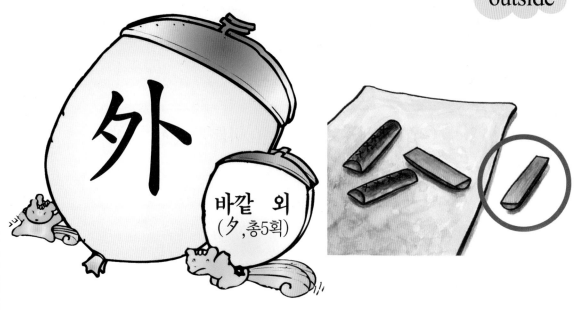

外

바깥 외
(夕, 총5획)

外 外 外 外 外 外

内外 : 안과 바깥. 예문) 관중들이 경기장 内外를 가득 메웠습니다.

 여러분! 함께 공부해 봅시다.

한자의유래
점(卜)은 보통 아침에 치므로 저녁(夕)에 점을 치는 것은 원칙에 벗어난다 하여 '밖'을 의미한다.

활용낱말
外門(외:문) : 바깥쪽의 문.
外出(외:출) : 볼일을 보러 밖에 나감.

🌀 그림에 알맞은 한자의 훈음을 고르시오.

보기	①안 내 ②여자녀 ③아들자 ④위 상

1 上 (   )

2. 內 (   )

🌀 훈음에 맞는 한자를 고르시오.

보기	①右 ②入 ③北 ④小

3. 들 입 (   )   4. 작을소 (   )

 물음에 알맞은 한자를 보기에서 골라 그 번호를 쓰시오.

보기   ①右   ②左   ③大   ④外

5. '정면에서 사람의 머리와 두 팔과 두 다리를 본떠서 만든 한자는?
(   )

6. 왼손에 도구를 쥐고 오른손을 도와주는 '왼손' 즉, '왼쪽'을 뜻하는 한자는?   (   )

 밑줄 친 한자어의 독음으로 바른 것을 고르시오.

보기   ①좌우   ②우좌   ③일출   ④외출

7. 外出할 때는 문단속을 철저히 한다.   (   )
8. 횡단보도를 건널 때는 左右를 잘 살핍니다.   (   )

come out

날 출
(니, 총5획)

여러분! 함께 공부해 봅시다.

한자의유래
초목의 싹(艹)이 차츰 위로 가지를 뻗으며 자라는 모양을 본뜬 글자로, 초목의 싹은 위로 돋아난다 하여 '성장하다, 출생하다'의 뜻을 나타냄.

활용낱말
出金(출금) : 돈을 냄. 또는 그 돈. ↔ 입금(入金).
出土(출토) : 땅속에 묻힌 것이 저절로 나오거나 파서 나옴.

enter

들 입
(入, 총2획)

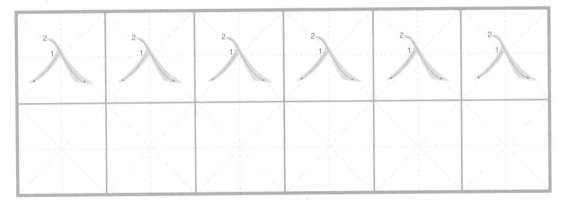

出入 : 나가고 들어옴. 예문) 出入할 때에는 부모님께 꼭 알려야 합니다.

 여러분! 함께 공부해 봅시다.

한자의유래

밖에서 안으로 들어가다의 뜻으로 하나의 줄기 밑에 뿌리가 갈라져 땅속으로 뻗어 들어가는 모양을 나타내기도 한다. 둘다 '들어가다'는 의미는 같음.

활용낱말

入口(입구) : 들어가는 어귀. ↔ 출구(出口).

入手(입수) : 손에 넣거나 손에 들어옴.

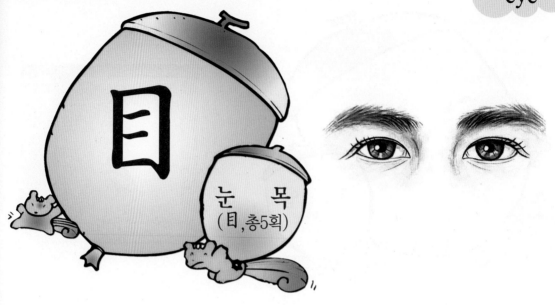

eye

目

눈 목
(目, 총5획)

여러분! 함께 공부해 봅시다.

한자의유래
사람의 눈 모양을 본뜬 글자이다.

활용낱말
目下(목하) : 바로 이때. 지금.
五目(오:목) : 바둑판을 이용한 놀이의 한 가지.

mouth

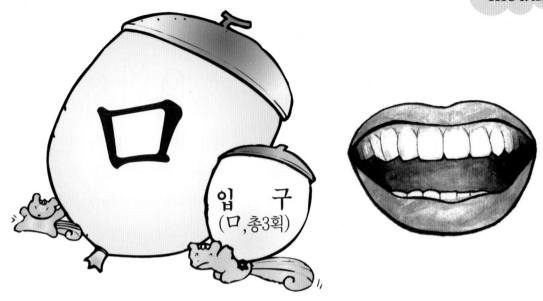

입 구
(口, 총3획)

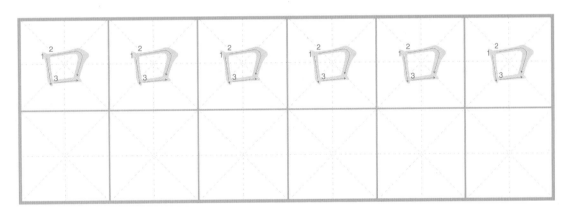

目 口 : 눈과 입. 예문) 보통 잘 생긴 사람은 耳(이)目口鼻(비)가 빼어납니다.

여러분! 함께 공부해 봅시다.

한자의유래 사람의 입모양을 본뜬 글자이다.

활용낱말 入口(입구) : 들어가는 어귀. ↔ 출구(出口).
出口(출구) : 나가는 곳.

hand

손 수
(手, 총4획)

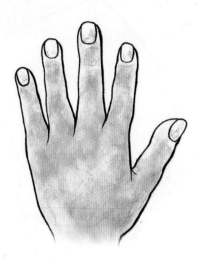

手	手	手	手	手	手

 여러분! 함께 공부해 봅시다.

한자의유래 다섯손가락을 펼치고 있는 손의 모양을 본뜬 글자이다.

활용낱말
手足(수족) : ①손과 발. ②'손발처럼 마음대로 부리는 사람'을
비유하여 이르는 말.
手中(수중) : ①손 안. ②자신의 힘이 미칠 수 있는 범위.

foot

발　족
(足, 총7획)

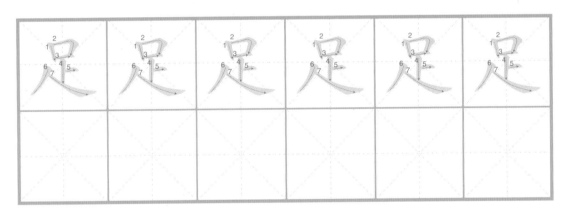

🧊 手足 : 손과 발. 예문) 둘도없이 친한 사람을 '나의 手足과 같다'고 말합니다.

여러분! 함께 공부해 봅시다.

한자의유래　　무릎을 본뜬 'ㅁ'와 정강이에서 발끝까지를 본뜬 '止'를 합한 글자로, 무릎부터 아래부분인 '발'을 나타낸다.

활용낱말　　足下(족하) : 발 아래.
　　　　　　　右足(우:족) : 오른쪽 발.

river

강 강
(水, 총6획)

江 江 江 江 江 江

 여러분! 함께 공부해 봅시다.

한자의유래

큰 물이 땅을 가르며 흘러서 큰 강을 이룬다는 데서 '강(江)'을 의미한다.

활용낱말

江南(강남) : 강의 남쪽.
江山(강산) : ①(강과 산이라는 뜻으로) 자연의 경치를 이르는 말.
②강토.

mountain

메(뫼) 산
(山, 총3획)

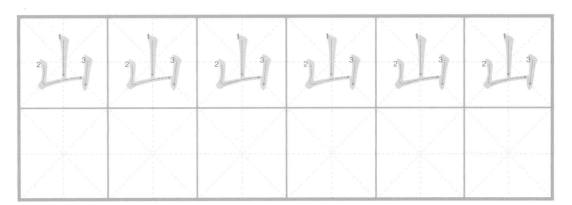

🎁 江山 : 강과 산. 예문) 아름다운 江山을 잘 보존하여 후손에게 물려주어야 합니다.

여러분! 함께 공부해 봅시다.

 땅 위에 우뚝 솟아난 세 개의 산봉우리 모양을 본뜬 글자이다.

활용낱말　山水(산수) : ①(산과 물이라는 뜻으로) 자연의 경치.
　　　　　　　　 ②산에서 흘러내리는 물.
　　　　　山中(산중) : 산 속.

blue,green

푸를 청
(靑, 총8획)

靑	靑	靑	靑	靑	靑

 여러분! 함께 공부해 봅시다.

한자의유래

초목의 싹이 돋아나올 때(生)는 붉으나(丹) 자라면서 점차 푸른빛을 나타낸다 하여 '푸르다'는 의미이다. 또는 푸른 빛의 초목이 싹트고, 우물(井) 빛이 푸르다는 의미도 있다.

활용낱말

靑年(청년) : 젊은 사람. 젊은이.
靑白(청백) : 청색과 백색.

white

흰 백
(白,총5획)

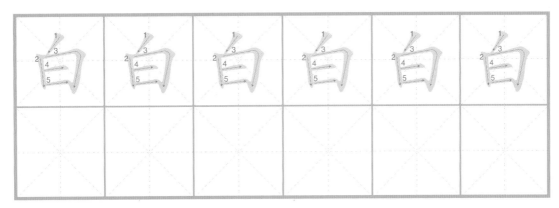

青白 : 푸르고 흼. 예문) 青白 양 팀의 힘찬 응원전이 펼쳐지고 있습니다.

여러분! 함께 공부해 봅시다.

 한자의유래
태양의 밝은 빛이 흰빛을 발한다 하여 '희다, 깨끗하다'라는 뜻을 나타낸다.

활용낱말
白金(백금) : 은백색의 귀금속 원소.
白日(백일) : 한낮. 대낮.

확인학습 ②

🌀 그림에 알맞은 한자의 훈음을 고르시오.

| 보기 | ①푸를 청　②해 년　③흰 백　④가운데 중 |

1. 白 (　　　　　)

2. 青 (　　　　　)

🌀 훈음에 맞는 한자를 고르시오.

| 보기 | ①母　②手　③足　④江 |

3. 강 강 (　　　　　)　　4. 발 족 (　　　　　)

🌀 **물음에 알맞은 한자를 보기에서 골라 그 번호를 쓰시오.**

보기	①門	②口	③山	④目

5. '사람의 눈 모양'을 본떠서 만든
한자는?　　　　　(　　　　　)

6. '땅 위에 우뚝 솟아난 세 개의 산봉
우리 모양'을 본떠서 만든 한자는?
　　　　　　　　(　　　　　)

🌀 **밑줄 친 한자어의 독음으로 바른 것을 고르시오.**

보기	①강산	②강수	③청백	④청일

7. 운동회는 青白팀으로 나누어 경기를 합니다.　　　　(　　　　　)

8. 우리나라 江山은 아름답습니다.　　　　　　　(　　　　　)

남자 남	왼 좌	여자 녀	오른 우
(田, 총7획)	(工, 총5획)	(女, 총3획)	(口, 총5획)

男左女右

음양설에서, 왼쪽이 양이고, 오른쪽이 음이라 하여 남자는 왼쪽을, 여자는 오른쪽을 소중히 여기는 일.

예문) 결혼식장에서 신랑 신부의 위치는 男左女右이다.

| 열 십 (十, 총2획) | 가운데 중 (丨, 총4획) | 여덟 팔 (八, 총2획) | 아홉 구 (乙, 총2획) |

十中八九

열 가운데 여덟이나 아홉이 됨.

예문) 내 생각이 十中八九 들어맞았다.

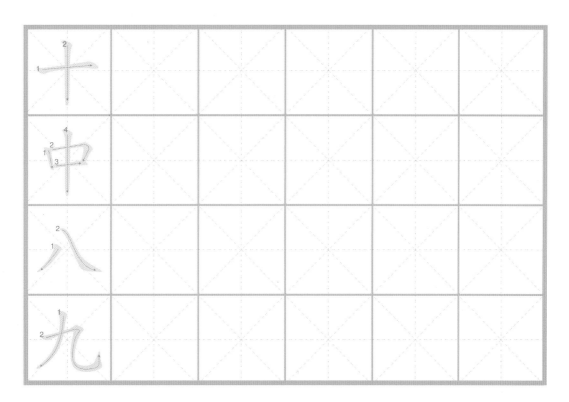

맏 형	아우 제	손 수	발 족
(儿, 총5획)	(弓, 총7획)	(手, 총4획)	(足, 총7획)

兄弟手足

형제는 내 몸의 손과 발 같아서 뗄래야 떼어 버릴 수 없는 관계임.

예문) 부모님께서 兄弟手足을 말씀하시면서 의좋게 지내라 하셨다.

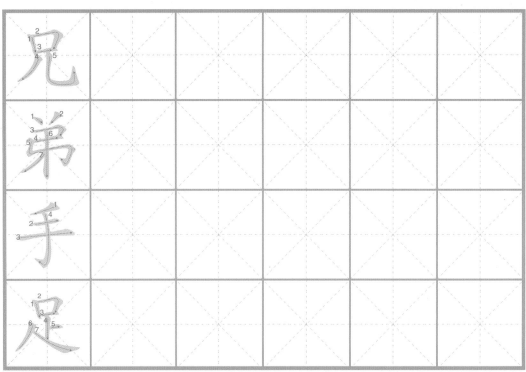

응용편

둘째마당

1. 대한검정회 선정한자 7급 표제훈음 영역

2. 부수 영역

3. 반의자 영역

4. 두음법칙자 영역

5. 이음동자 영역

6. 활음조 영역

7. 한자어 사전 영역

7급 표제훈음 　　　　국가공인 대한검정회 선정한자

※표제훈음보다 자세한 것은 자전(옥편)을 찾아 익힙시다.

⑦江	강	강	⑧父	아버지	부	⑧日	날	일
⑧九	아홉	구	⑧北	북녘	북	⑧一	한	일
⑦口	입	구	⑧四	넉	사	⑦入	들	입
⑧金	쇠	금	⑦山	메(뫼)	산	⑧子	아들	자
⑧南	남녘	남	⑧三	석	삼	⑧弟	아우	제
⑧男	사내	남	⑦上	위	상	⑦足	발	족
⑦內	안	내	⑧西	서녘	서	⑦左	왼	좌
⑧女	여자	녀	⑦小	작을	소	⑦中	가운데	중
⑦年	해	년	⑧水	물	수	⑦靑	푸를	청
⑦大	큰	대	⑦手	손	수	⑦出	날	출
⑧東	동녘	동	⑧十	열	십	⑧七	일곱	칠
⑧六	여섯	륙	⑧五	다섯	오	⑧土	흙	토
⑧母	어머니	모	⑦外	바깥	외	⑧八	여덟	팔
⑧木	나무	목	⑦右	오른	우	⑦下	아래	하
⑦目	눈	목	⑧月	달	월	⑧兄	맏	형
⑧門	문	문	⑧二	두	이	⑧火	불	화
⑦白	흰	백	⑧人	사람	인			

부수

※7급 선정한자(50字)를 각 부수의 해당 한자군(漢字群)별로 분류하였다.

부수(뜻음)	해당한자	부수(뜻음)	해당한자
一(한 일)	一, 三, 七, 上, 下	工(장인 공)	左
丨(뚫을 곤)	中	干(방패 간)	年
乙(새 을)	九	弓(활 궁)	弟
二(두 이)	二, 五	手(손 수)	手
人(사람 인)	人	日(날 일)	日
儿(어진사람 인)	兄	月(달 월)	月
入(들 입)	入, 內	木(나무 목)	木, 東
八(여덟 팔)	六, 八	母(말 무)	母
凵(입벌릴감)	出	水(물 수)	水, 江
匕(비수 비)	北	火(불 화)	火
十(열 십)	十, 南	父(아버지 부)	父
口(입 구)	口, 右	田(밭 전)	男
囗(에울 위)	四	白(흰 백)	白
土(흙 토)	土	目(눈 목)	目
夕(저녁 석)	外	襾(덮을 아)	西
大(큰 대)	大	足(발 족)	足
女(여자 녀)	女	金(쇠 금)	金
子(아들 자)	子	門(문 문)	門
小(작을 소)	小	靑(푸를 청)	靑
山(메 산)	山		

반의자

※글자의 뜻이 서로 반대되거나 상대적인 뜻을 갖는 한자

江	↔	山	上	↔	下
男	↔	女	手	↔	足
南	↔	北	日	↔	月
內	↔	外	子	↔	女
大	↔	小	左	↔	右
東	↔	西	兄	↔	弟
父	↔	母	火	↔	水

두음법칙자

※글자의 첫음절이 변하여 다른 음으로 발음되는 한자

①원음 '녀'로 발음되는 　예)男女(남녀), 子女(자녀)
②'여'로 발음되는 　예)女子(여자), 女人(여인)

①원음 '년'으로 발음되는 　예)一年(일년), 十年(십년)
②'연'으로 발음되는 　예)年上(연상), 年下(연하)

①원음 '륙'으로 발음되는 　예)五六(오륙), 三六(삼륙)
②'육'으로 발음되는 　예)六日(육일), 六七(육칠)

漢字를 알면 世上이 보인다!

어음동자

※한 글자가 여러 가지의 훈음을 갖는 한자

金
①쇠 금 : 一金(일금), 年金(연금)
②성 김 : 金九(김구), 金氏*(김씨)

北
①북녘 북 : 南北(남북), 北門(북문)
②달아날배 : 敗*北(패배)

*氏(성씨씨-4급), 敗(패할패-4급)

활음조

※발음하기가 쉽고 , 듣기 부드러운 소리로 되게 하는 음운 현상

五六月
오뉴월(○), 오륙월(×)

十月
시월(○), 십월(×)

初*八日
초파일(○), 초팔일(×)

*初(처음초-준4급)

한자어 사전

江口(강구): ①강어귀. ②강변.

江南(강남): 강의 남쪽.

江南北(강남북): 강의 남쪽과 북쪽.

江東(강동): 강의 동쪽.

江北(강북): 강의 북쪽.

江山(강산): ①(강과 산이라는 뜻으로) 자연의 경치를 이르는 말. ②강토.

江上(강상): ①강의 위. ②강의 기슭.

江西(강서): 강의 서쪽.

江水(강수): 강물.

江中(강중): 강 가운데.

九九(구구): 셈법의 하나. 구구법(九九法).

九年(구년): 아홉 해.

九十月(구시월): 구월과 시월.

九月(구월): 한해의 아홉째 달.

九日(구일): ①한 달의 아홉째 날. ②예전 명절이었던 구월 구일로 이날 남자들은 시를 짓고, 가정에서는 국화전을 만들어 먹고 놀았음.

口中(구중): 입 안.

金門(금문): 궁궐의 문.

金山(금산): 금이 나는 산. 금광.

金人(금인): 금속으로 만든 사람의 상. 동상(銅像).

南男北女(남남북녀): 우리나라에서 남자는 남부지방에서 여자는 북부지방에서 잘난
　　　사람이 많다는 뜻으로 예부터 일러 오는 말.

男女(남녀): 남자와 여자.

南大門(남대문): ①남쪽에 있는 큰 대문 ②서울에 있는 '숭례문'의 딴 이름.

南門(남문): 남쪽에 있는 정문.

南北(남북): 남과 북. 남쪽과 북쪽.

南山(남산): 남쪽에 있는 산.

南人(남인): 남쪽 나라의 사람.

男子(남자): ①남성인 사람. 사나이. ②남성다운 사내.

男左女右(남좌여우): 음양설에서 왼쪽이 양이고 오른쪽이 음이라 하여 남자는
　　　왼쪽을, 여자는 오른쪽을 소중히 여기는 일.

南土(남토): 남쪽의 땅.

南下(남하): 남쪽으로 감. 남쪽으로 옴.

內外(내:외): 안과 밖. 안팎.

大江(대:강): 큰 강.

大口(대:구): 큰 입.

大金(대:금): ①큰 돈. 많은 돈. ②놋쇠로 만든 징보다 조금 작은 악기. 꽹과리.

大大(대:대): 매우 큼.

大東(대:동): ①동쪽 끝. ②우리나라의 딴 이름. '동방의 큰 나라'라는 뜻.

大母(대:모): 할머니. 조모(祖母).

大門(대:문): 집의 정문.

大父(대:부): 할아버지. 조부(祖父).

大父母(대:부모): 조부모(祖父母).

大小(대:소): 큼과 작음. 큰 것과 작은 것.

大水(대:수): ①큰 물. 홍수(洪水). ②큰 하천, 호수, 바다 등을 이름.

大人(대:인): ①어른. 성인. ②(흔히, 중국인들이 즐겨 쓰는 말로) '남의 아버지'. '높은 관리', '세력 있는 토호나 지주' 등을 높이어 일컫는 말.

大一(대:일): 지극히 큼.

大兄(대:형): ①맏형. ②형(兄)에 대한 존칭.

大火(대:화): 큰 불. 큰 화재.

東南(동남): 동쪽과 남쪽.

東門(동문): 동쪽으로 난 문.

東北(동북): 동쪽과 북쪽. 북동.

東西(동서): 동쪽과 서쪽.

東西南北(동서남북): 동쪽과 서쪽과 남쪽과 북쪽. 곧 사방.

母女(모:녀): 어머니와 딸.

母子(모:자): 어머니와 아들.

木門(목문): 나무로 짠 문.

木手(목수): 나무를 다루어 집을 짓거나 가구를 만드는 일을 업으로 하는 사람.

木人(목인): 나무로 만든 인형.

目下(목하): 바로 이때. 지금.

門內(문내): ①대문 안. ↔ 문외(門外). ②문중(門中).

門人(문인): ①제자. 문하생(門下生). ②문지기.

門弟(문제): 제자. 문하생(門下生).

門弟子(문제자): 제자.

門中(문중): 성과 본이 같은 가까운 집안.

門下(문하): ①집의 안. 또는 거기에 있는 가족 이외의 사람. 곧 식객, 제자 등. ②스승의 밑.

白金(백금): 은(銀).

白人(백인): 백색 인종에 딸린 사람.

白日(백일): 한낮. 대낮.

白土(백토): 빛깔이 희고 잔모래가 많이 섞인 흙.

父女(부녀): 아버지와 딸.

父母(부모): 아버지와 어머니. 어버이. 양친.

父子(부자): 아버지와 아들.

父兄(부형): ①아버지와 형. ②학교에서 '학생(아동)의 보호자'를 두루 일컫는 말.

北門(북문): 북쪽으로 낸 문.

北上(북상): 북쪽으로 올라감.

北人(북인): 북방의 사람.

四十(사:십): 마흔(40).

四日(사:일): 나흘.

四足(사:족): ①짐승의 네 발. 또는 네 발 달린 짐승. ②'사지(四肢)'를 낮추어
　　이르는 말.

山內(산내): 산 속.

山東(산동): 산의 동쪽.

山木(산목): 산에 난 나무.

山門(산문): ①산의 어귀. ②절. 또는 절의 누문(樓門).

山上(산상): 산의 위.

山水(산수): (산과 물이라는 뜻으로) ①자연의 경치. ②산에서 흘러내리는 물.

山人(산인): ①깊은 산속에서 세상을 멀리하고 사는 사람. ②산속에 사는 중이나
　　도사.

山中(산중): 산 속.

山下(산하): 산 아래.

山火(산화): 산불.

三南(삼남): 영남, 호남 및 충청지방을 통틀어 이르는 말.

三男(삼남): ①셋째 아들. ②세 형제. 삼형제.

三女(삼녀): ①셋째 딸. ②세 딸. 딸 삼형제.

三三五五(삼삼오오): 서넛 또는 대여섯 사람이 여기저기 무리지어 다니거나 무슨
　　　　일을 하는 모양.

三十(삼십): 서른(30).

三月(삼월): 한 해의 셋째 되는 달.

三日(삼일): 사흘.

三七(삼칠): ①이십일 일. ②이백십 년.

三七日(삼칠일): 사후(死後), 또는 출생 후 21일째.

上手(상:수): 남보다 나은 솜씨나 수. 또는 그 사람. 고수(高手).

上水(상:수): 음료수 등으로 쓰기 위하여 수도관을 통해 보내는 맑은 물.

上中下(상:중하): ①위와 가운데와 아래. ②상등과 중등과 하등.

上下(상:하): 위와 아래. 위아래.

西南(서남): 서쪽과 남쪽.

西門(서문): 서쪽으로 나 있는 문.

西北(서북): 서쪽과 북쪽.

西山(서산): 서쪽에 있는 산.

西人(서인): 서양인.

西土(서토): 서쪽 땅.

小女(소:녀): ①키나 몸집이 작은 여자 아이.
　　　　②윗사람에 대하여 자기를 낮추어 일컫는 말.

小木(소:목): 작은 나무.

小門(소:문): 작은 문.

小人(소:인): ①일반 민간인. 서민. ②윗사람에 대하여 자기를 낮추어 일컫는 말.

小子(소:자): 아들이 부모에 대하여 자기를 낮추어 일컫는 말.

水口(수구): 물이 흘러나오는 곳. 또는 물을 흘려 내보내는 곳.

水門(수문): 저수지나 수로(水路)에 설치하여 수량(水量)을 조절하는 문.

水上(수상): 물 위나 물의 상류.

手足(수족): ①손과 발. ②'손발처럼 마음대로 부리는 사람'을 비유하여 이르는 말.

手中(수중): ①손 안. ②자신의 힘이 미칠 수 있는 범위.

水中(수중): 물 가운데. 물 속.

水下(수하): ①내(川)의 하류. ②물 밑.

手下(수하): ①손아래. ②부하.

水火(수화): 물과 불.

十年(십년): 십 해.

十月(시월): 한 해의 열 번째 달.

十二月(십이월): 한 해의 마지막 달.

十一(십일): 열하나.

十日(십일): 열흘(10).

十中八九(십중팔구): 열 가운데 여덟이나 아홉이 됨.

十八金(십팔금): 금붙이의 순도를 나타내는 말.

女人(여인): 성년이 된 여자.

女子(여자): 사람을 두 성(性)으로 나눈 한 쪽. 여성인 사람.

女兄(여형): 손윗누이.

年金(연금): 일정 기간 또는 종신에 걸쳐서 해마다 지급되는 일정액의 돈.

年內(연내): 그 해 안. 그 해가 다 가기 전.

年年(연년): 매년. 해마다.

年上(연상): 나이가 위임. 또는 그 사람.

年中(연중): 한 해 동안.

年下(연하): 나이가 아래인 사람.

年兄(연형): 같이 과거에 급제한 사람끼리 서로 부르는 말. 특히 그 가운데의 연장자에
　　　　대한 호칭.

五六月(오:뉴월): 오월과 유월.

五目(오:목): 바둑판을 이용한 놀이의 한 가지.

五十(오:십): 쉰(50).

五月(오:월): 한 해의 다섯째 달.

五日(오:일): 닷새.

外門(외:문): 바깥쪽의 문.

外人(외:인): ①한 가족 또는 한 집안 이외의 사람. ②외국인.

外出(외:출): 볼일을 보러 밖에 나감.

右手(우:수): 오른손. ↔ 좌수(左手).

右足(우:족): 오른쪽 발.

月內(월내): 한달 안. 그달 안.

月日(월일): 달과 해.

月出(월출): 달이 나옴. 달이 뜸.

月下(월하): 달빛 아래.

六十(육십): 예순(60).

六十一(육십일): 예순 하나(61).

六日(육일): 엿새.

二男(이:남): ①두 아들. ②둘째 아들. 차남(次男).

二女(이:녀): ①두 딸. ②둘째 딸. 차녀(次女).

二年(이:년): 한 해의 두 해.

二十(이:십): 스물(20).

二月(이:월): 일년의 두 번째 달.

二日(이:일): 그달의 둘째 날. 이틀.

二七日(이:칠일): ①사람이 죽은 지 14일째 되는 날. 두이레. ②아기가 태어난 지 14일째 되는 날.

人口(인구): ①한 나라 또는 일정한 지역 안에 사는 사람의 수. ②세상 사람의 입.

人手(인수): 사람의 손.

人人(인인): 여러 사람마다 각자.

人子(인자): 사람의 아들.

人足(인족): ①사람의 발. ②사람마다 넉넉함. 모든 사람의 생활이 풍족함.

人中(인중): 코와 윗입술 사이에 우묵하게 골이 진 부분.

人火(인화): 사람의 과실에 의한 화재.

一金(일금): 돈의 액수를 쓸 때 그 앞에 '돈'이란 뜻으로 쓰는 말.

一年(일년): ①한 해. ②一學年(일학년)의 준말.

一大(일대): '하나의 큰'. '하나의 굉장한'의 뜻을 나타내는 말.

日東(일동): 해가 동쪽에 뜸. ↔ 일서(日西).

一目(일목): ①한 눈. ②애꾸눈.

一木(일목): 한 그루의 나무.

一門(일문): ①하나의 문. ②한 가족.

一手(일수): 한 손.

一月(일월): 1년 중의 첫 달. 정월.

日月(일월): ①해와 달. ②세월. 광음(光陰).

日人(일인): 일본 사람.

一日(일일): ①하루. 종일(終日). ②어느 한 날. ③그 달의 첫 날.

日子(일자): ①날 수. ②날. 날짜.

日出(일출): 해가 돋음. 해돋이. ↔ 일몰(日沒).

日下(일하): 해가 비추는 아래, 곧 천하(天下)를 이름.

入口(입구): 들어가는 어귀. ↔ 출구(出口).

入金(입금): 돈이 들어옴. 또는 들어온 돈. ↔ 출금(出金).

入門(입문): ①스승을 따라 그 제자가 됨. ②어떤 학문을 배우려고 처음 들어감.

入北(입북): 북쪽으로 들어감.

入山(입산): ①산에 들어감. ②은거함.

入水(입수): 물에 들어감.

入手(입수): 손에 넣거나 손에 들어옴.

入出(입출): 들어옴과 나감. 수입과 지출.

入出金(입출금): 들어오는 돈과 나가는 돈.

子女(자녀): 아들과 딸. 아들딸.

子弟(자제): 남의 집 아들을 높여 일컫는 말.

弟子(제:자): 스승의 가르침을 받거나 받은 사람. = 문도(門徒).

弟兄(제:형): ①형제. ②남을 친밀하게 이르는 말.

足下(족하): 발 아래.

左手(좌:수): 왼손.

左右(좌:우): 왼쪽과 오른쪽.

中男(중남): 둘째 아들. 차남(次男).

中年(중년): 청년과 노인의 중간 나이.

中東(중동): (유럽을 기준으로 한) 극동과 근동의 중간 지역으로 곧, 지중해 연안의 서남아시아 및 이집트를 포함한 지역.

中門(중문): 대문 안에 또 세운 문.

中外(중외): ①안과 밖. ②국내와 국외.

中兄(중형): 둘째 형.

靑年(청년): 젊은 사람. 젊은이.

靑白(청백): 청색과 백색.

靑山(청산): (초목이 우거진) 푸른 산.

出口(출구): 나가는 곳.

出金(출금): 돈을 냄. 또는 그 돈. ↔ 입금(入金).

出門(출문): ①나가는 문. ②문 밖으로 나감. 외출함.

出入(출입): 나감과 들어옴.

出入口(출입구): 나가고 들어오는 문. 드나드는 어귀나 문.

出土(출토): 땅속에 묻힌 것이 저절로 나오거나 파서 나옴.

七十(칠십): 일흔(70).

七月(칠월): 한 해의 일곱째 달.

七日(칠일): 초이레.

七七(칠칠): 칠월 칠석을 달리 이르는 말.

七七日(칠칠일): 사십구일.

七八月(칠팔월): 칠월과 팔월.

土金(토금): ①금빛이 나는 흙. ②흙과 모래 속에 섞여 있는 금.

土木(토목): ①흙과 나무. ②목재나 철재·토석 등을 사용하여 도로나 다리·항만 따위를 건설하거나 그것을 유지하기 위한 공사 등을 통틀어 이르는 말.

土門(토문): 좌우로 흙을 쌓아 올리기만 하고 지붕이 없는 문.

土山(토산): 돌이 적고 주로 흙으로 이루어진 산.

土人(토인): ①미개한 지역에 정착하여 원시적인 생활을 하고 있는 종족을 얕잡아 이르는 말. ②흙으로 만든 인형.

八九月(팔구월): 팔월과 구월.

八十(팔십): 여든(80).

八日(팔일): 여드레. 여드렛날.

下女(하:녀): 여자 하인. 계집종.

下山(하:산): 산에서 내려옴. ↔ 등산(登山).

下手(하:수): (바둑이나 장기 따위에서) 수가 아래임. 또는 그 사람 ↔ 상수(上手).

下水(하:수): (가정이나 공장 같은 데서) 쓰고 버리는 더러운 물.

下手人(하:수인): ①손을 대어 직접 사람을 죽인 사람. ②남의 밑에서 졸개노릇 하는 사람.

下人(하:인): ①남자 종. ②남자 종과 여자 종을 통틀어 이르는 말.

兄弟(형제): 형과 아우.

兄弟手足(형제수족): 형제는 수족과 같아서 떼어버릴 수 없는 관계임.

火口(화:구): 아궁이.

火木(화:목): 땔감으로 쓸 나무.

火山(화:산): 땅 속의 마그마가 밖으로 터져 나와 퇴적하여 이루어진 산.

火中(화:중): 불 속.

예상문제편

셋째마당

1. 7급 예상문제 20회 수록

2. 모범답안

 다음 물음에 맞는 답의 번호를 골라 답안지의 해당 답란에 표시하시오.

1. 오른쪽 그림에 알맞은 한자를 골라 그 번호를
   답안지에 표기하시오.　　　(　　　)

　①二　　　　　　　　②江

　③西　　　　　　　　④月

 한자의 뜻과 음으로 바른 것을 고르시오.

2. 中 (　　) 　①입　구　　②가운데중　　③흰　백　　④열　십

3. 足 (　　) 　①발　족　　②물　수　　③날　출　　④여섯　륙

4. 兄 (　　) 　①남자　남　②발　족　　③아버지부　④맏　형

5. 右 (　　) 　①오른　우　②왼　좌　　③작을　소　④석　삼

6. 母 (　　) 　①달　월　　②어머니모　③여자　녀　④넉　사

7. 人 (　　) 　①들　입　　②불　화　　③사람　인　④두　이

8. 七 (　　　)　　①아들 자　　②흙 토　　③위 상　　④일곱 칠

9. 木 (　　　)　　①나무 목　　②푸를 청　　③서녘 서　　④북녘 북

 뜻과 음에 알맞은 한자를 고르시오.

10. 아래 하 (　　　)　　①上　　②十　　③下　　④土

11. 바깥 외 (　　　)　　①女　　②靑　　③日　　④外

12. 여덟 팔 (　　　)　　①八　　②二　　③火　　④入

13. 눈　목 (　　　)　　①目　　②門　　③四　　④口

14. 흰　백 (　　　)　　①出　　②白　　③手　　④三

15. 큰　대 (　　　)　　①子　　②一　　③六　　④大

16. 남녘 남 (　　　)　　①男　　②父　　③南　　④内

17. 해　년 (　　　)　　①水　　②年　　③五　　④左

 한자어를 바르게 읽은 것을 고르시오.

18. 子弟 (　　　)　　①자제　　②제자　　③자조　　④제조

19. 西山 (　　　)　　①서산　　②사산　　③내산　　④남산

20. 北東 (　　　)　　①북경　　②북동　　③배경　　④배동

한자어의 뜻으로 알맞은 것을 고르시오.

21. 入口 (   )

①일정한 지역에 사는 사람의 수.　②말하지 아니함.

③밖으로 나갈 수 있는 통로.　④들어가는 통로.

22. 出土 (   )

①달이 지평선 위로 떠오름.　②국경 밖으로 나감.

③땅에 묻힌 물건이 밖으로 나옴.　④대부분 흙으로만 이루어진 산.

 밑줄 친 한자어를 바르게 읽은 것을 고르시오.

23. 동생은 올해 삼월 <u>九日</u>에 태어났다. 　　　(   )

　　①구월　　　②구일　　　③연월　　　④연일

24. 눈부시게 아름다운 <u>江山</u>을 자랑한다. 　　　(   )

　　①공수　　　②강수　　　③공산　　　④강산

 밑줄 친 부분을 한자로 바르게 쓴 것을 고르시오.

보기	25)부모님의 자녀에 대한 사랑은 그 끝이 없다고 한다.

25. 부모 (   )　①母女　　②母父　　③子父　　④父母

 다음 물음에 맞는 답의 번호를 골라 답안지의 해당 답란에 표시하시오.

1. 오른쪽 그림에 알맞은 한자를 골라 그 번호를
   답안지에 표기하시오.   (   )

   ①五   ②六

   ③七   ④口

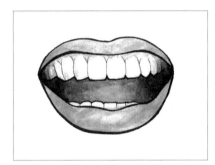

 한자의 뜻과 음으로 바른 것을 고르시오.

2. 男 (   )   ①남녘 남   ②남자 남   ③북녘 북   ④서녘 서

3. 小 (   )   ①사람 인   ②여덟 팔   ③작을 소   ④두 이

4. 左 (   )   ①왼 우   ②오른 우   ③왼 좌   ④오른 좌

5. 目 (   )   ①해 일   ②날 목   ③한 일   ④눈 목

6. 下 (   )   ①위 상   ②아래 하   ③두 이   ④물 수

7. 六 (   )   ①여섯 뉵   ②여섯 뉴   ③여섯 류   ④여섯 륙

8. 土 (　　　) ①흙　토　②흑　토　③나무　목　④석　삼

9. 北 (　　　) ①서녘　서　②북녘　북　③동녘　동　④남녘　남

 뜻과 음에 알맞은 한자를 고르시오.

10. 발　족 (　　　) ①手　②日　③木　④足

11. 날　출 (　　　) ①出　②兄　③人　④門

12. 아버지부 (　　　) ①母　②西　③五　④父

13. 바깥　외 (　　　) ①下　②十　③外　④上

14. 일곱　칠 (　　　) ①一　②七　③東　④北

15. 아들　자 (　　　) ①女　②人　③子　④靑

16. 불　화 (　　　) ①火　②水　③月　④二

17. 남녘　남 (　　　) ①大　②入　③南　④弟

 한자어를 바르게 읽은 것을 고르시오.

18. 八十 (　　　) ①인심　②팔구　③십구　④팔십

19. 江口 (　　　) ①강구　②강우　③공구　④공우

20. 右手 (　　　) ①좌수　②수족　③수하　④우수

한자어의 뜻으로 알맞은 것을 고르시오.

21. 白金 (　　　　　　)

①흰 철.　　　　　　　②은백색의 금속 원소.

③흰 것이 좋다.　　　　④사람의 성씨.

22. 山火 (　　　　　　)

①산에 난 불.　　　　　②산 속.

③산의 동쪽.　　　　　④산에서 흘러내리는 물.

 밑줄 친 한자어를 바르게 읽은 것을 고르시오.

23. 內外지간인 아버지와 어머니는 늘 사이가 좋으시다.　　(　　　　　　)

①부모　　　　　②외출　　　　　③출금　　　　　④내외

24. 어느덧 아버지께서는 中年이 되셨다.　　　　　　(　　　　　　)

①소년　　　　　②부자　　　　　③삼사　　　　　④중년

 밑줄 친 부분을 한자로 바르게 쓴 것을 고르시오.

> 보기
>
> 어머니들의 자녀는 대부분 25)육칠 세였다.

25. 육칠 (　　　　) 　①二三　　　②三四　　　③六七　　　④八九

 다음 물음에 맞는 답의 번호를 골라 답안지의 해당 답란에 표시하시오.

1. 오른쪽 그림에 알맞은 한자를 골라 그 번호를
   답안지에 표기하시오.   (   )

   ① 人   ② 母

   ③ 内   ④ 女

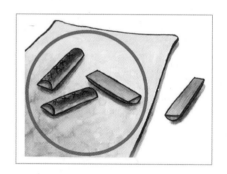

 한자의 뜻과 음으로 바른 것을 고르시오.

2. 金 (   )   ① 동녘 동   ② 물 수   ③ 나무 목   ④ 쇠   금

3. 青 (   )   ① 푸를 정   ② 푸를 전   ③ 푸를 청   ④ 푸를 천

4. 大 (   )   ① 큰   대   ② 사람 인   ③ 들   입   ④ 작을 소

5. 目 (   )   ① 눈   목   ② 흰   백   ③ 날   일   ④ 달   월

6. 二 (   )   ① 한   일   ② 두   이   ③ 석   삼   ④ 넉   사

7. 弟 (   )   ① 맏   형   ② 아들 자   ③ 발   족   ④ 아우 제

8. 門 (　　　) ①문　문　　②안　내　　③해　년　　④나갈　출

9. 足 (　　　) ①손　수　　②발　족　　③왼　좌　　④맏　형

 뜻과 음에 알맞은 한자를 고르시오.

10. 서녘 서 (　　　) ①東　　　②西　　　③十　　　④北

11. 아홉 구 (　　　) ①九　　　②八　　　③七　　　④六

12. 불　화 (　　　) ①江　　　②白　　　③母　　　④火

13. 남자 남 (　　　) ①女　　　②木　　　③男　　　④父

14. 입　구 (　　　) ①入　　　②口　　　③手　　　④山

15. 맏　형 (　　　) ①兄　　　②弟　　　③内　　　④水

16. 여자 녀 (　　　) ①女　　　②小　　　③四　　　④五

17. 오른 우 (　　　) ①左　　　②上　　　③人　　　④右

한자어를 바르게 읽은 것을 고르시오.

18. 南東 (　　　) ①동남　　②남동　　③동서　　④서동

19. 内子 (　　　) ①나자　　②내왕　　③인자　　④내자

20. 水下 (　　　) ①수중　　②수하　　③대소　　④상하

한자어의 뜻으로 알맞은 것을 고르시오.

21. 白土 (   )

①흙으로 만든 인형.　　　②흙으로 이루어진 산.

③대 낮.　　　④빛깔이 희고 잔모래가 많이 섞인 흙.

22. 外出 (   )

①한 가족 또는 한 집안이외의 사람.　　　②달이 나옴.

③바깥쪽의 문.　　　④볼일을 보러 밖에 나감.

 밑줄 친 한자어를 바르게 읽은 것을 고르시오.

23. 돈을 찾을 때는 <u>一金</u>을 써야 옳은 방법이다.　　　(   )

①금일　　　②일김　　　③일금　　　④김일

24. 정오 때를 <u>日中</u>이라고 한다.　　　(   )

①월중　　　②월출　　　③일출　　　④일중

 밑줄 친 부분을 한자로 바르게 쓴 것을 고르시오.

보기 | 우리나라는 25)<u>일년</u> 내내 아름다운 강산을 자랑한다.

25. 일년 (   )　①三年　　　②一年　　　③月年　　　④九年

 다음 물음에 맞는 답의 번호를 골라 답안지의 해당 답란에 표시하시오.

1. 오른쪽 그림에 알맞은 한자를 골라 그 번호를
   답안지에 표기하시오.　　　（　　　　　）

　　①年　　　　　　　　②十

　　③東　　　　　　　　④西

 한자의 뜻과 음으로 바른 것을 고르시오.

2. 五（　　　）　①해　일　②달　월　③다섯　오　④성　김

3. 左（　　　）　①왼　좌　②위　상　③오른　우　④아래　하

4. 金（　　　）　①손　수　②발　족　③하늘　천　④쇠　금

5. 月（　　　）　①큰　대　②달　월　③다섯　오　④땅　지

6. 木（　　　）　①열　십　②나무　목　③두　이　④일곱　칠

7. 東（　　　）　①북녘　북　②남녘　남　③동녘　동　④서녘　서

8. 八 (　　) ①여덟 팔 ②들 입 ③여섯 륙 ④사람 인

9. 北 (　　) ①오른 우 ②북녘 북 ③아버지부 ④강 강

 뜻과 음에 알맞은 한자를 고르시오.

10. 문　문 (　　) ①西 ②十 ③南 ④門

11. 입곱 칠 (　　) ①七 ②二 ③九 ④六

12. 흰　백 (　　) ①火 ②日 ③父 ④白

13. 아우 제 (　　) ①兄 ②母 ③弟 ④一

14. 큰　대 (　　) ①大 ②外 ③土 ④内

15. 푸를 청 (　　) ①青 ②目 ③口 ④入

16. 강　강 (　　) ①江 ②南 ③四 ④男

17. 날　출 (　　) ①上 ②入 ③出 ④右

 한자어를 바르게 읽은 것을 고르시오.

18. 年中 (　　) ①연중 ②년중 ③중년 ④중연

19. 右足 (　　) ①우족 ②좌족 ③족우 ④족좌

20. 三子 (　　) ①일자 ②이자 ③삼자 ④사자

한자어의 뜻으로 알맞은 것을 고르시오.

21. 手下 (   )

①손아래 또는 부하.   ②손과 발.
③자신의 힘이 미칠 수 있는 범위.   ④손 안.

22. 小人 (   )

①키가 큰 사람.   ②작고 큼.
③장년과 중년의 중간인 사람.   ④윗사람에게 자기를 낮추어 하는 말.

 밑줄 친 한자어를 바르게 읽은 것을 고르시오.

23. 나는 올 겨울 六日 동안 여행을 떠날 것이다.   (   )
　　①사일   ②오일   ③육일   ④칠일

24. 밤사이 江水가 많이 불었다.   (   )
　　①강산   ②강서   ③강물   ④강수

밑줄 친 부분을 한자로 바르게 쓴 것을 고르시오.

보기	네 반이 25)청백으로 나뉘어 경기를 시작했다.

25. 청백 (   )   ①靑山   ②山靑   ③靑白   ④白靑

🐋 **다음 물음에 맞는 답의 번호를 골라 답안지의 해당 답란에 표시하시오.**

1. 오른쪽 그림에 알맞은 한자를 골라 그 번호를
답안지에 표기하시오.　　　（　　　　　）

①五　　　　　　②大

③七　　　　　　④八

🐋 **한자의 뜻과 음으로 바른 것을 고르시오.**

2. 四（　　）　①석　삼　②넉　사　③다섯　오　④여섯　륙

3. 日（　　）　①날　일　②달　월　③눈　목　④두　이

4. 土（　　）　①흙　토　②일곱　칠　③위　상　④열　십

5. 內（　　）　①들　입　②안　내　③바깥　외　④여덟　팔

6. 靑（　　）　①흰　백　②나무　목　③푸를　청　④쇠　금

7. 足（　　）　①손　수　②동녘　동　③발　족　④입　구

8. 右 (　　　) ①왼　좌　②북녘 북　③남자 남　④오른 우

9. 火 (　　　) ①물　수　②불　화　③나무 목　④적을 소

 뜻과 음에 알맞은 한자를 고르시오.

10. 다섯　오 (　　　) ①二 ②七 ③五 ④九

11. 여덟　팔 (　　　) ①八 ②人 ③入 ④小

12. 서녘　서 (　　　) ①東 ②北 ③南 ④西

13. 한　　일 (　　　) ①上 ②一 ③十 ④男

14. 강　　강 (　　　) ①左 ②江 ③六 ④水

15. 흰　　백 (　　　) ①外 ②白 ③門 ④兄

16. 날　　출 (　　　) ①出 ②山 ③三 ④中

17. 아들　자 (　　　) ①木 ②手 ③子 ④父

한자어를 바르게 읽은 것을 고르시오.

18. 九月 (　　　) ①구월 ②구일 ③칠월 ④칠일

19. 入出 (　　　) ①일출 ②인출 ③출입 ④입출

20. 年金 (　　　) ①월전 ②년금 ③연팔 ④연금

한자어의 뜻으로 알맞은 것을 고르시오.

21. 四足 (　　　　　)

①네 손가락.　　　　　　　　②손과 발.

③오른쪽의 발.　　　　　　　④네 개의 발.

22. 人中 (　　　　　)

①가운데 사람.　　　　　　　②코와 윗입술 사이에 골이 진 부분.

③사람이 많다.　　　　　　　④사람에게 맞다.

 밑줄 친 한자어를 바르게 읽은 것을 고르시오.

23. 오랫동안 그를 <u>手下</u>로 부렸다.　　　　　　　(　　　　　)

　　①수족　　　　　②수상　　　　　③수하　　　　　④하수

24. <u>中東</u>지역에서는 석유가 많이 나온다.　　　　　(　　　　　)

　　①중등　　　　　②중동　　　　　③중일　　　　　④중년

밑줄 친 부분을 한자로 바르게 쓴 것을 고르시오.

보기　　　　멀리 떨어져 있던 25)<u>형제</u>들을 만나기로 했다.

25. 형제 (　　　　　)　　①母口　　②目女　　③弟子　　④兄弟

 다음 물음에 맞는 답의 번호를 골라 답안지의 해당 답란에 표시하시오.

1. 오른쪽 그림에 알맞은 한자를 골라 그 번호를
   답안지에 표기하시오.　　　（　　　　）

   ① 三　　　　　　　② 北

   ③ 南　　　　　　　④ 目

 한자의 뜻과 음으로 바른 것을 고르시오.

2. 火 (　　) 　①불　호　　②불　대　　③불　소　　④불　화

3. 土 (　　) 　①흑　토　　②흙　도　　③흙　토　　④흑　도

4. 大 (　　) 　①큰　대　　②사람　인　③작을　소　④큰　소

5. 上 (　　) 　①아래　하　②위　소　　③아래　상　④위　상

6. 白 (　　) 　①해　일　　②흰　백　　③흑　백　　④날　일

7. 出 (　　) 　①메　산　　②날　수　　③날　출　　④강　산

8. 九 (　　　) 　①아홉 구 　②일곱 칠 　③물 수 　④강 하

9. 外 (　　　) 　①바깥 야 　②바깥 외 　③바깥 오 　④바깥 우

 뜻과 음에 알맞은 한자를 고르시오.

10. 나무 목 (　　　) 　①山 　②木 　③下 　④一

11. 넉 사 (　　　) 　①四 　②內 　③門 　④月

12. 동녘 동 (　　　) 　①北 　②弟 　③金 　④東

13. 입 구 (　　　) 　①兄 　②中 　③口 　④日

14. 아버지부 (　　　) 　①父 　②手 　③七 　④五

15. 어머니모 (　　　) 　①目 　②母 　③三 　④小

16. 사람 인 (　　　) 　①人 　②八 　③入 　④二

17. 오른 우 (　　　) 　①左 　②足 　③右 　④六

 한자어를 바르게 읽은 것을 고르시오.

18. 年年 (　　　) 　①년년 　②년연 　③연년 　④연연

19. 水中 (　　　) 　①수중 　②목중 　③심중 　④수구

20. 六月 (　　　) 　①육일 　②유일 　③육월 　④유월

한자어의 뜻으로 알맞은 것을 고르시오.

21. 靑山 (   )

①젊은 사람. 젊은이.　　　　　　②청색과 백색.

③초목이 우거진 푸른 산.　　　　④숲이 우거짐.

22. 南西 (   )

①남서쪽.　　　　　　　　　　②남동쪽.

③북서쪽.　　　　　　　　　　④북동쪽.

 밑줄 친 한자어를 바르게 읽은 것을 고르시오.

23. 외할아버지의 연세가 <u>八十</u>이 되셨다.　　　　　(　　　　)

　　①삼십　　　　　②십팔　　　　　③오십　　　　　④팔십

24. 우리 학교는 <u>江北</u>에 위치하고 있다.　　　　　(　　　　)

　　①강동　　　　　②강남　　　　　③강서　　　　　④강북

 밑줄 친 부분을 한자로 바르게 쓴 것을 고르시오.

보기	우리 집 앞에 25)<u>남자</u>아이가 서 있다.

25. 남자 (   ) 　①男女　　　②女男　　　③男子　　　④女子

 다음 물음에 맞는 답의 번호를 골라 답안지의 해당 답란에 표시하시오.

1. 오른쪽 그림에 알맞은 한자를 골라 그 번호를
   답안지에 표기하시오.　　　　　（　　　　　）

　　①火　　　　　　　　②白

　　③兄　　　　　　　　④弟

 한자의 뜻과 음으로 바른 것을 고르시오.

2. 金 （　　　）　①소　금　②흙　토　③쇠　금　④쇠　김

3. 內 （　　　）　①안　내　②녘　사　③서녘 서　④사람 인

4. 北 （　　　）　①메　산　②북녘 북　③산　강　④위　상

5. 門 （　　　）　①눈　목　②달　월　③문　문　④북녘 북

6. 口 （　　　）　①립　구　②아홉 구　③인　구　④입　구

7. 子 （　　　）　①여자 녀　②아들 녀　③아들 자　④여자 자

8. 下 (　　) ①위 상 ②해 일 ③서녁 서 ④아래 하

9. 手 (　　) ①물 수 ②손 수 ③손 모 ④작을 소

 뜻과 음에 알맞은 한자를 고르시오.

10. 일곱 칠 (　　) ①七 ②一 ③十 ④三

11. 오른 우 (　　) ①右 ②左 ③父 ④西

12. 들 입 (　　) ①八 ②出 ③人 ④入

13. 발 족 (　　) ①兄 ②母 ③足 ④四

14. 푸를 청 (　　) ①青 ②土 ③中 ④年

15. 눈 목 (　　) ①日 ②木 ③白 ④目

16. 남자 남 (　　) ①男 ②女 ③南 ④弟

17. 여섯 륙 (　　) ①外 ②上 ③六 ④九

한자어를 바르게 읽은 것을 고르시오.

18. 江東 (　　) ①산동 ②난동 ③강동 ④강남

19. 大小 (　　) ①소대 ②대소 ③천소 ④천대

20. 出土 (　　) ①산토 ②나토 ③출입 ④출토

한자어의 뜻으로 알맞은 것을 고르시오.

21. 人火 (   )

①사람 모양의 불.   ②큰 불.

③사람의 과실에 의한 화재.   ④불 속에 들어감.

22. 三女 (   )

①셋째 딸. 또는 딸 삼형제.   ②셋째 아들. 또는 아들 삼형제.

③세 명이 길을 가고 있음.   ④한 해의 셋째 되는 달.

 밑줄 친 한자어를 바르게 읽은 것을 고르시오.

23. 五月은 가정의 달이다.   (   )

　　①이일   ②삼일   ③사월   ④오월

24. 우리나라는 山水가 빼어나게 아름답다.   (   )

　　①강수   ②산수   ③산무   ④강하

밑줄 친 부분을 한자로 바르게 쓴 것을 고르시오.

보기 | 두 25)내외가 일출을 보러 동해에 갔다.

25. 내외 (   )   ①外内   ②四外   ③内外   ④入外

🐋 **다음 물음에 맞는 답의 번호를 골라 답안지의 해당 답란에 표시하시오.**

1. 오른쪽 그림에 알맞은 한자를 골라 그 번호를
   답안지에 표기하시오.　　　(　　　)

   ① 火　　　　　　　② 三

   ③ 山　　　　　　　④ 五

 한자의 뜻과 음으로 바른 것을 고르시오.

2. 目 (　)　①입　구　②해　일　③눈　목　④문　문

3. 白 (　)　①흰　백　②일백　백　③날　일　④들　입

4. 出 (　)　①아래　하　②날　출　③산　강　④위　상

5. 月 (　)　①왼　좌　②오른　우　③달　월　④날　일

6. 金 (　)　①소　금　②아홉　구　③인　구　④쇠　금

7. 兄 (　)　①아우　제　②아들　자　③맏　형　④왼　좌

8. 足 (　　　) ①발 족 ②해 일 ③서녘 서 ④해 년

9. 一 (　　　) ①날 일 ②한 일 ③여섯 륙 ④일곱 칠

 뜻과 음에 알맞은 한자를 고르시오.

10. 들 입 (　　　) ①南 ②三 ③八 ④入

11. 바깥 외 (　　　) ①外 ②男 ③日 ④子

12. 안 내 (　　　) ①父 ②女 ③内 ④東

13. 강 강 (　　　) ①七 ②土 ③江 ④六

14. 나무 목 (　　　) ①木 ②十 ③下 ④手

15. 물 수 (　　　) ①小 ②山 ③大 ④水

16. 푸를 청 (　　　) ①青 ②上 ③弟 ④北

17. 오른 우 (　　　) ①左 ②九 ③右 ④二

 한자어를 바르게 읽은 것을 고르시오.

18. 四男 (　　　) ①일남 ②이남 ③삼남 ④사남

19. 五六 (　　　) ①오뉵 ②오륙 ③육오 ④뉴오

20. 西土 (　　　) ①동토 ②남토 ③북토 ④서토

한자어의 뜻으로 알맞은 것을 고르시오.

21. 年中 (   )

①한 가운데.   ②한 해의 아홉째 달.

③한 해 동안.   ④위와 가운데.

22. 人口 (   )

①한 나라 안에 사는 사람의 수.   ②사회적인 지위가 있는 사람.

③사람과 산.   ④사람들이 모여 있음.

 밑줄 친 한자어를 바르게 읽은 것을 고르시오.

23. 父母님은 나에게 소중한 분이시다.   (   )

①부자   ②부모   ③모자   ④자모

24. 그의 가르침을 따르는 門人들이 많았다.   (   )

①문인   ②무인   ③본인   ④중인

밑줄 친 부분을 한자로 바르게 쓴 것을 고르시오.

> 보기
> 25)연내에 그 사람들과 만나기로 했다.

25. 연내 (   )   ①年內   ②年年   ③年上   ④年金

 다음 물음에 맞는 답의 번호를 골라 답안지의 해당 답란에 표시하시오.

1. 오른쪽 그림에 알맞은 한자를 골라 그 번호를
답안지에 표기하시오.　　　(　　　　　)

　　①人　　　　　　　②一

　　③月　　　　　　　④上

 한자의 뜻과 음으로 바른 것을 고르시오.

2. 火 (　　　) 　①사람 인 　②물 　수 　③작을 소 　④불 　화

3. 西 (　　　) 　①서녘 서 　②남자 남 　③날 　일 　④남녘 남

4. 土 (　　　) 　①아래 하 　②흙 　토 　③나무 목 　④위 　상

5. 口 (　　　) 　①왼 　좌 　②눈 　목 　③입 　구 　④흰 　백

6. 七 (　　　) 　①동녘 동 　②여덟 팔 　③사람 인 　④일곱 칠

7. 右 (　　　) 　①아홉 구 　②아들 자 　③오른 우 　④다섯 오

8. 外 (   )   ①바깥 외   ②해 일   ③달 월   ④해 년

9. 入 (   )   ①날 일   ②들 입   ③여섯 륙   ④손 수

뜻과 음에 알맞은 한자를 고르시오.

10. 넉   사 (   )   ①白   ②中   ③母   ④四

11. 날   일 (   )   ①目   ②日   ③二   ④月

12. 사람   인 (   )   ①父   ②六   ③八   ④人

13. 쇠   금 (   )   ①東   ②出   ③金   ④小

14. 아래   하 (   )   ①下   ②年   ③大   ④木

15. 맏   형 (   )   ①南   ②左   ③五   ④兄

16. 여자   녀 (   )   ①子   ②山   ③女   ④九

17. 푸를   청 (   )   ①水   ②江   ③三   ④靑

한자어를 바르게 읽은 것을 고르시오.

18. 弟兄 (   )   ①자형   ②제수   ③제형   ④여인

19. 一口 (   )   ①일목   ②일구   ③일월   ④일일

20. 水中 (   )   ①목중   ②수심   ③수구   ④수중

한자어의 뜻으로 알맞은 것을 고르시오.

21. 上手 (   )

①위와 아래.   ②남보다 나은 솜씨나 수.

③낮고 못함.   ④높은 지위.

22. 北上 (   )

①북쪽으로 올라감.   ②북쪽과 위쪽.

③등의 위쪽.   ④남쪽으로 내려감.

 밑줄 친 한자어를 바르게 읽은 것을 고르시오.

23. 키 큰 <u>男子</u>가 앉아 있었다.   (   )
　　①여자   ②남자   ③연자   ④연남

24. 아픈 곳이 다 나아 <u>手足</u>을 자유롭게 움직일 수 있다.   (   )
　　①수하   ②수족   ③족하   ④좌족

 밑줄 친 부분을 한자로 바르게 쓴 것을 고르시오.

보기	많은 학생들이 그의 25)문하에 들어왔다.

25. 문하 (   )   ①門中   ②門內   ③門下   ④大門

 다음 물음에 맞는 답의 번호를 골라 답안지의 해당 답란에 표시하시오.

1. 오른쪽 그림에 알맞은 한자를 골라 그 번호를
   답안지에 표기하시오.　　　　(　　　)

   ①男　　　　　　　　②金

   ③小　　　　　　　　④九

 한자의 뜻과 음으로 바른 것을 고르시오.

2. 外 (　　)　　①바깥 외　②안　내　③위　상　④달　월

3. 大 (　　)　　①큰　대　②작을 소　③들　입　④날　출

4. 水 (　　)　　①강　수　②물　수　③산　수　④위　수

5. 門 (　　)　　①넉　사　②눈　목　③문　문　④왼　좌

6. 西 (　　)　　①동녘 동　②남녘 남　③북녘 북　④서녘 서

7. 金 (　　)　　①해　년　②남자 남　③쇠　금　④사람 인

8. 七 (　　) ①아들 자　②여자 녀　③아우 재　④일곱 칠

9. 二 (　　) ①위 상　②두 이　③일곱 칠　④아홉 구

 뜻과 음에 알맞은 한자를 고르시오.

10. 손　수 (　　) ①北　②南　③手　④四

11. 푸를 청 (　　) ①靑　②父　③東　④男

12. 발　족 (　　) ①出　②江　③九　④足

13. 다섯 오 (　　) ①三　②上　③五　④年

14. 여덟 팔 (　　) ①八　②火　③入　④人

15. 흙　토 (　　) ①木　②山　③小　④土

16. 어머니모 (　　) ①母　②目　③女　④日

17. 흰　백 (　　) ①右　②内　③白　④中

 한자어를 바르게 읽은 것을 고르시오.

18. 日月 (　　) ①월일　②일월　③월하　④일대

19. 一下 (　　) ①일상　②일하　③이상　④이하

20. 金土 (　　) ①흙토　②김토　③토인　④금토

한자어의 뜻으로 알맞은 것을 고르시오.

21. 山下 (　　　　　)

①산에서 내려옴.　　　　　②낮은 산.

③산에서 떨어지는 것.　　　④산의 밑.

22. 左右 (　　　　　)

①왼쪽과 오른쪽.　　　　　②크고 작음.

③위와 가운데.　　　　　　④왼쪽과 아래쪽.

밑줄 친 한자어를 바르게 읽은 것을 고르시오.

23. 할아버지께서는 올해로 六十살이 되신다.　　　　　(　　　　　)

　　①류십　　　　②뉵십　　　　③팔십　　　　④육십

24. 모든 길은 東西로 통해 있다.　　　　　　　　　(　　　　　)

　　①동남　　　　②동서　　　　③남동　　　　④남서

밑줄 친 부분을 한자로 바르게 쓴 것을 고르시오.

보기 | 많은 25)제자들이 그의 문하에 들어왔다.

25. 제자 (　　　　) ①弟子　　②子弟　　③弟兄　　④兄弟

 다음 물음에 맞는 답의 번호를 골라 답안지의 해당 답란에 표시하시오.

1. 오른쪽 그림에 알맞은 한자를 골라 그 번호를
   답안지에 표기하시오.　　　（　　　　　）

　　①四　　　　　　　　②手

　　③九　　　　　　　　④十

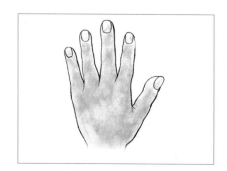

 한자의 뜻과 음으로 바른 것을 고르시오.

2. 靑（　　）　①푸를 청　②넉 사　③들 입　④오른 우

3. 目（　　）　①눈 목　②해 일　③달 월　④물 수

4. 東（　　）　①남녘 남　②동녘 동　③아들 자　④사람 인

5. 五（　　）　①넉 사　②여덟 팔　③다섯 오　④일곱 칠

6. 木（　　）　①물 수　②열 십　③아래 하　④나무 목

7. 小（　　）　①큰 대　②안 내　③작을 소　④왼 좌

8. 兄 (   )   ①아우 제   ②맏   형   ③손   수   ④발   족

9. 白 (   )   ①날   일   ②흰   백   ③문   문   ④입   구

 뜻과 음에 알맞은 한자를 고르시오.

10. 남자 남 (   )   ①男   ②母   ③入   ④四

11. 날   출 (   )   ①山   ②二   ③出   ④水

12. 해   년 (   )   ①土   ②子   ③弟   ④年

13. 아홉 구 (   )   ①七   ②右   ③九   ④下

14. 가운데중 (   )   ①中   ②口   ③月   ④日

15. 강   강 (   )   ①足   ②內   ③江   ④外

16. 아버지부 (   )   ①父   ②火   ③南   ④門

17. 큰   대 (   )   ①人   ②一   ③大   ④八

 한자어를 바르게 읽은 것을 고르시오.

18. 六十 (   )   ①유십   ②십육   ③육십   ④십륙

19. 左手 (   )   ①좌우   ②좌수   ③수하   ④수상

20. 西北 (   )   ①북서   ②북녀   ③서남   ④서북

한자어의 뜻으로 알맞은 것을 고르시오.

21. 下水 (   )

①산에 오름.   ②산에서 흐르는 물.

③땅속에 묻힌 것이 저절로 나옴.   ④쓰고 버리는 더러운 물.

22. 口中 (   )

①손 가운데.   ②입 안.

③한 해 동안.   ④안과 밖.

 밑줄 친 한자어를 바르게 읽은 것을 고르시오.

23. 三月에는 학교 입학식이 있다.   (   )

　①일월　　　　②월일　　　　③달월　　　　④삼월

24. 아버지께서 어머니의 손에 白金반지를 끼워드렸다.   (   )

　①백동　　　　②백금　　　　③백김　　　　④백일

밑줄 친 부분을 한자로 바르게 쓴 것을 고르시오.

보기	25)형제가 사이좋게 은행에 입금하러 갔다.

25. 형제 (   )　①弟兄　　②兄弟　　③父兄　　④父女

 다음 물음에 맞는 답의 번호를 골라 답안지의 해당 답란에 표시하시오.

1. 오른쪽 그림에 알맞은 한자를 골라 그 번호를
   답안지에 표기하시오.   (   )
   ①外   ②北

   ③西   ④父

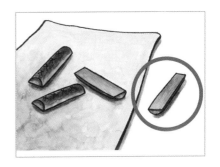

 한자의 뜻과 음으로 바른 것을 고르시오.

2. 弟 (   ) ①아우 재   ②강   강   ③위   상   ④아우 제

3. 七 (   ) ①불   화   ②일곱 칠   ③넉   사   ④아홉 구

4. 大 (   ) ①작을 소   ②큰   대   ③남자 남   ④다섯 오

5. 水 (   ) ①손   수   ②여섯 륙   ③여자 녀   ④물   수

6. 靑 (   ) ①푸를 정   ②열   십   ③푸를 청   ④아우 제

7. 白 (   ) ①해   일   ②흰   백   ③두   이   ④아래 하

8. 上 (　　　) 　①위　상　②해　년　③여자 녀　④한　일

9. 中 (　　　) 　①손　수　②들　입　③가운데중　④여덟 팔

 뜻과 음에 알맞은 한자를 고르시오.

10. 쇠　금 (　　　) 　①九　　　②金　　　③四　　　④北

11. 안　내 (　　　) 　①下　　　②人　　　③内　　　④子

12. 서녘 서 (　　　) 　①男　　　②八　　　③江　　　④西

13. 눈　목 (　　　) 　①十　　　②木　　　③目　　　④年

14. 불　화 (　　　) 　①五　　　②火　　　③門　　　④一

15. 석　삼 (　　　) 　①左　　　②口　　　③女　　　④三

16. 어머니모 (　　　) 　①母　　　②二　　　③父　　　④小

17. 날　출 (　　　) 　①山　　　②入　　　③出　　　④兄

 한자어를 바르게 읽은 것을 고르시오.

18. 門内 (　　　) 　①문안　　②안문　　③문내　　④내문

19. 四足 (　　　) 　①사족　　②사수　　③수족　　④족하

20. 月出 (　　　) 　①일출　　②출하　　③출일　　④월출

한자어의 뜻으로 알맞은 것을 고르시오.

21. 東南 (   )

①동쪽과 서쪽.　　　　　　　　②동쪽과 남쪽.

③남쪽과 북쪽.　　　　　　　　④북쪽과 남쪽.

22. 弟子 (   )

①스승의 가르침을 받은 사람.　　②남의 집 아들을 높여 일컫는 말.

③해가 돋음.　　　　　　　　　　④어떤 학문을 배우려고 처음 들어감.

 밑줄 친 한자어를 바르게 읽은 것을 고르시오.

23. 운동장에 <u>六七</u>명이 뛰어 놀고 있었다.　　　　　　　(   )

　①육팔　　　　　②륙칠　　　　　③뉵칠　　　　　④육칠

24. <u>土山</u> 위로 둥근 달이 떠올랐다.　　　　　　　　　　(   )

　①토산　　　　　②사산　　　　　③상산　　　　　④하산

 밑줄 친 부분을 한자로 바르게 쓴 것을 고르시오.

보기 │　　　　등산로는 입구에서 25)<u>좌우</u> 두 갈래의 길로 나뉘었다.

25. 좌우 (   )　①左右　　　②左手　　　③右手　　　④手足

13 7급예상문제

 다음 물음에 맞는 답의 번호를 골라 답안지의 해당 답란에 표시하시오.

1. 오른쪽 그림에 알맞은 한자를 골라 그 번호를
   답안지에 표기하시오. (   )

   ①九   ②右

   ③八   ④七

 한자의 뜻과 음으로 바른 것을 고르시오.

2. 金 (   )   ①쇠 김   ②쇠 금   ③성씨 금   ④성씨 감

3. 土 (   )   ①아래 하   ②달 월   ③흙 토   ④나무 목

4. 出 (   )   ①남자 남   ②날 출   ③입 구   ④여자 녀

5. 目 (   )   ①눈 목   ②여섯 륙   ③위 상   ④흰 백

6. 火 (   )   ①아홉 구   ②석 삼   ③불 화   ④사람 인

7. 江 (   )   ①강 강   ②물 수   ③뫼 산   ④안 내

8. 南 ( ) ①동녘 동 ②북녘 북 ③아들 자 ④남녘 남

9. 中 ( ) ①발 족 ②왼 좌 ③가운데중 ④손 수

 뜻과 음에 알맞은 한자를 고르시오.

10. 바깥 외 ( ) ①內 ②五 ③右 ④外

11. 어머니모 ( ) ①左 ②男 ③母 ④女

12. 푸를 청 ( ) ①足 ②靑 ③月 ④弟

13. 넉 사 ( ) ①八 ②九 ③四 ④手

14. 해 년 ( ) ①年 ②子 ③大 ④十

15. 아버지부 ( ) ①木 ②小 ③北 ④父

16. 날 일 ( ) ①一 ②白 ③三 ④日

17. 두 이 ( ) ①兄 ②上 ③下 ④二

 한자어를 바르게 읽은 것을 고르시오.

18. 山水 ( ) ①산하 ②산중 ③산수 ④강산

19. 六月 ( ) ①유월 ②육월 ③시월 ④십월

20. 西北 ( ) ①동북 ②남북 ③북서 ④서북

한자어의 뜻으로 알맞은 것을 고르시오.

21. 下山 (   )

①산의 아래쪽.　　　　②산에서 내려옴.
③산에 올라감.　　　　④산의 위쪽.

22. 入門 (   )

①손에 들어옴.　　　　②들어가는 어귀.
③대문 안에 또 세운 문.　　④스승을 따라 그 제자가 됨.

 밑줄 친 한자어를 바르게 읽은 것을 고르시오.

23. 이번 받아쓰기에서 九十점을 맞았다.　　　　(   )
　　①칠십　　　②팔십　　　③구십　　　④백십

24. 여기서 조금 걸어가면 東江입니다.　　　　(   )
　　①동강　　　②강동　　　③서강　　　④강서

밑줄 친 부분을 한자로 바르게 쓴 것을 고르시오.

> 보기 | 건물 25)입구에 많은 사람들이 모여 있었다.

25. 입구 (   )　①出口　②入口　③大入　④人口

 다음 물음에 맞는 답의 번호를 골라 답안지의 해당 답란에 표시하시오.

1. 오른쪽 그림에 알맞은 한자를 골라 그 번호를
   답안지에 표기하시오.　　　(　　　　)

   ①足　　　　　　　②入

   ③三　　　　　　　④右

 한자의 뜻과 음으로 바른 것을 고르시오.

2. 女 (　　　)　①아비 부　②동녘 동　③여자 녀　④아래 하

3. 子 (　　　)　①불　화　②아들 자　③날　출　④열　십

4. 年 (　　　)　①해　년　②해　일　③윈　좌　④아홉 구

5. 四 (　　　)　①문　문　②작을 소　③입　구　④넉　사

6. 內 (　　　)　①서녘 서　②안　내　③흰　백　④달　월

7. 弟 (　　　)　①다섯 오　②아우 재　③발　족　④아우 제

8. 外 (　　) ①오른 우 ②들 입 ③바깥 외 ④어머니모

9. 山 (　　) ①메 산 ②위 상 ③석 삼 ④두 이

 뜻과 음에 알맞은 한자를 고르시오.

10. 한 일 (　　)　①一　　②二　　③十　　④八

11. 눈 목 (　　)　①日　　②靑　　③目　　④白

12. 가운데중 (　　)　①口　　②中　　③月　　④東

13. 다섯 오 (　　)　①九　　②三　　③上　　④五

14. 나무 목 (　　)　①火　　②六　　③木　　④江

15. 북녘 북 (　　)　①金　　②水　　③北　　④下

16. 맏 형 (　　)　①兄　　②男　　③足　　④母

17. 큰 대 (　　)　①人　　②大　　③出　　④父

 한자어를 바르게 읽은 것을 고르시오.

18. 木人 (　　)　①목수　　②소인　　③수인　　④목인

19. 西門 (　　)　①서문　　②동문　　③서민　　④서남

20. 六七 (　　)　①륙칠　　②육팔　　③육칠　　④칠육

한자어의 뜻으로 알맞은 것을 고르시오.

21. 白月 (   )

①밝고 흰 달.   ②흰색.

③백 번째 되는 날.   ④빛깔이 하얗고 고움.

22. 土山 (   )

①땅 속에 묻힌 것이 저절로 나옴.   ②남을 친밀하게 이르는 말.

③학문을 배우려고 처음 들어감.   ④돌이 적고 주로 흙으로 이루어진 산.

 밑줄 친 한자어를 바르게 읽은 것을 고르시오.

23. 여러 종류의 과일을 두고 大小를 비교하여 보았다.   (   )

①대인   ②대중   ③대소   ④소대

24. 우리나라의 지형은 南北으로 길게 되어 있다.   (   )

①남서   ②남북   ③북서   ④북남

밑줄 친 부분을 한자로 바르게 쓴 것을 고르시오.

| 보기 | 그와 나는 서로 25)수족과 같은 존재이다. |

25. 수족 (   )   ①手足   ②左足   ③足下   ④右足

 다음 물음에 맞는 답의 번호를 골라 답안지의 해당 답란에 표시하시오.

1. 오른쪽 그림에 알맞은 한자를 골라 그 번호를
   답안지에 표기하시오.　　　　(　　　　)

   ① 四　　　　　　　　② 足

   ③ 日　　　　　　　　④ 三

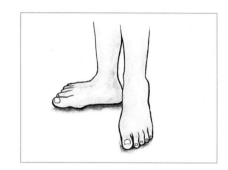

 한자의 뜻과 음으로 바른 것을 고르시오.

2. 江 (　　)　①강　강　　②날　목　　③한　일　　④해　일

3. 西 (　　)　①안　내　　②쇠　금　　③손　수　　④서녘　서

4. 外 (　　)　①아래　하　②북녘　북　③바깥　외　④남자　남

5. 火 (　　)　①작을　소　②들　입　　③사람　인　④불　화

6. 手 (　　)　①날　일　　②일백　백　③손　수　　④달　월

7. 山 (　　)　①석　삼　　②강　강　　③물　수　　④메　산

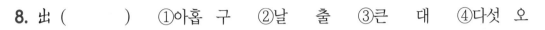

8. 出 (   ) ①아홉 구 ②날 출 ③큰 대 ④다섯 오

9. 土 (   ) ①흙 토 ②위 상 ③나무 목 ④석 삼

 뜻과 음에 알맞은 한자를 고르시오.

10. 남자 남 (   ) ①足 ②女 ③金 ④男

11. 맏 형 (   ) ①兄 ②九 ③上 ④左

12. 아우 제 (   ) ①七 ②內 ③一 ④弟

13. 해 년 (   ) ①年 ②六 ③大 ④十

14. 물 수 (   ) ①二 ②水 ③八 ④下

15. 아버지부 (   ) ①靑 ②三 ③五 ④父

16. 작을 소 (   ) ①人 ②小 ③入 ④東

17. 입 구 (   ) ①南 ②北 ③口 ④月

 한자어를 바르게 읽은 것을 고르시오.

18. 白土 (   ) ①백사 ②백토 ③백인 ④백일

19. 父子 (   ) ①여자 ②부자 ③부녀 ④남자

20. 小木 (   ) ①소목 ②수목 ③토목 ④화목

한자어의 뜻으로 알맞은 것을 고르시오.

21. 母女 (   )

①어머니와 딸.　　　　　　②어머니와 아들.

③아버지와 딸.　　　　　　④아버지와 아들.

22. 中年 (   )

①둘째 아들.　　　　　　②대문 안에 또 세운 문.

③젊은 사람.　　　　　　④청년과 노년의 중간 나이.

 밑줄 친 한자어를 바르게 읽은 것을 고르시오.

23. 大門 밖으로 감나무 한 그루가 보였다.　　　　(   )

　　①교문　　　　②목문　　　　③대문　　　　④소문

24. 어제 아버지와 나는 五目을 두었다.　　　　(   )

　　①일목　　　　②요목　　　　③오일　　　　④오목

 밑줄 친 부분을 한자로 바르게 쓴 것을 고르시오.

> 보기
>
> 25)사월에는 축제의 한마당이 펼쳐지기를 바란다.

25. 사월 (   )　①四月　　②目月　　③四日　　④四目

 다음 물음에 맞는 답의 번호를 골라 답안지의 해당 답란에 표시하시오.

1. 오른쪽 그림에 알맞은 한자를 골라 그 번호를
   답안지에 표기하시오.　　　(　　　)
   ①左　　　　　　　　②女

   ③人　　　　　　　　④母

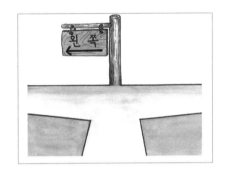

 한자의 뜻과 음으로 바른 것을 고르시오.

2. 上 (　　)　　①일곱 칠　　②위　　상　　③입　　구　　④한　　일

3. 江 (　　)　　①아우 제　　②푸를 청　　③날　　일　　④강　　강

4. 小 (　　)　　①열　　십　　②어머니모　　③석　　삼　　④작을 소

5. 水 (　　)　　①물　　수　　②여자 녀　　③여섯 륙　　④북녘 북

6. 土 (　　)　　①메　　산　　②아들 자　　③흙　　토　　④두　　이

7. 大 (　　)　　①아버지부　　②큰　　대　　③사람 인　　④여덟 팔

8. 金 (   )   ①쇠 금   ②안 내   ③흰 백   ④서녘 서

9. 右 (   )   ①맏 형   ②남자 남   ③오른 우   ④달 월

 뜻과 음에 알맞은 한자를 고르시오.

10. 들 입 (   )   ①八   ②人   ③入   ④火

11. 가운데중 (   )   ①兄   ②中   ③口   ④足

12. 동녘 동 (   )   ①東   ②青   ③弟   ④五

13. 문 문 (   )   ①男   ②北   ③門   ④南

14. 바깥 외 (   )   ①左   ②六   ③三   ④外

15. 손 수 (   )   ①女   ②子   ③手   ④父

16. 두 이 (   )   ①二   ②下   ③母   ④出

17. 서녘 서 (   )   ①内   ②一   ③白   ④西

 한자어를 바르게 읽은 것을 고르시오.

18. 土木 (   )   ①토수   ②상수   ③토목   ④상목

19. 山青 (   )   ①산정   ②산청   ③매정   ④매청

20. 白金 (   )   ①박문   ②박금   ③백문   ④백금

한자어의 뜻으로 알맞은 것을 고르시오.

21. 內外 (　　　　)

①대문의 안.

③안과 밖.

②다른 나라 사람.

④집안에 있는 외국사람.

22. 五目 (　　　　)

①닷새.

③오월과 유월.

②바둑판을 이용한 놀이.

④한 해의 다섯째 달.

밑줄 친 한자어를 바르게 읽은 것을 고르시오.

23. 일주일은 七日이다. (　　　　)

①칠일　　　　②칠월　　　　③육일　　　　④유월

24. 올림픽은 四年마다 열린다. (　　　　)

①사연　　　　②사년　　　　③서연　　　　④서년

밑줄 친 부분을 한자로 바르게 쓴 것을 고르시오.

> 보기 | 지난 25)시월에는 정동진으로 가족 여행을 갔었다.

25. 시월 (　　　　)　①十九　　②九日　　③十月　　④九月

 다음 물음에 맞는 답의 번호를 골라 답안지의 해당 답란에 표시하시오.

1. 오른쪽 그림에 알맞은 한자를 골라 그 번호를
   답안지에 표기하시오.   (   )
   ①東   ②中

   ③南   ④北

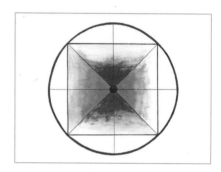

 한자의 뜻과 음으로 바른 것을 고르시오.

2. 白 (   )   ①어머니모   ②오른 우   ③달 월   ④흰 백

3. 靑 (   )   ①푸를 청   ②동녘 동   ③강 강   ④바깥 외

4. 女 (   )   ①여자 녀   ②아들 자   ③물 수   ④문 문

5. 口 (   )   ①날 일   ②맏 형   ③입 구   ④가운데중

6. 山 (   )   ①나무 목   ②흙 토   ③석 삼   ④메 산

7. 弟 (   )   ①아우 제   ②여섯 륙   ③아홉 구   ④날 출

8. 七 (　　) ①손　수 ②일곱　칠 ③한　일 ④아래　하

9. 年 (　　) ①다섯　오 ②위　상 ③해　년 ④서녘　서

 뜻과 음에 알맞은 한자를 고르시오.

10. 아버지 부 (　　)　①下　②江　③父　④八

11. 안　내 (　　)　①四　②北　③西　④内

12. 남녘 남 (　　)　①足　②東　③南　④右

13. 열　십 (　　)　①三　②土　③十　④二

14. 불　화 (　　)　①火　②六　③九　④木

15. 날　일 (　　)　①月　②目　③門　④日

16. 날　출 (　　)　①子　②出　③一　④五

17. 왼　좌 (　　)　①上　②左　③金　④男

 한자어를 바르게 읽은 것을 고르시오.

18. 江水 (　　)　①강수　②공수　③강산　④공산

19. 東西 (　　)　①동사　②북사　③일동　④동서

20. 手中 (　　)　①수상　②수중　③수하　④모중

한자어의 뜻으로 알맞은 것을 고르시오.

21. 母子 (   )

①아버지와 딸.　　　　　　　②어머니와 아들.

③어머니와 딸.　　　　　　　④아버지와 아들.

22. 外人 (   )

①크게 들어감.　　　　　　　②하늘에서 내려온 사람.

③한집안 식구 밖의 사람.　　　④작은 사람.

 밑줄 친 한자어를 바르게 읽은 것을 고르시오.

23. 고모는 아들 兄弟만 두었다.　　　　　　　　(   )

　　①경제　　　　　②형제　　　　　③경례　　　　　④형례

24. 박물관 入口는 많은 사람들로 북적거렸다.　　　　(   )

　　①인구　　　　　②입구　　　　　③팔구　　　　　④중구

 밑줄 친 부분을 한자로 바르게 쓴 것을 고르시오.

| 보기 | 활짝 열린 25)대문 밖으로 아이들이 즐겁게 노는 모습이 보였다. |

25. 대문 (   )　①大小　　　②大門　　　③小大　　　④小門

 다음 물음에 맞는 답의 번호를 골라 답안지의 해당 답란에 표시하시오.

1. 오른쪽 그림에 알맞은 한자를 골라 그 번호를
   답안지에 표기하시오.   (   )

   ①二   ②三

   ③四   ④靑

 한자의 뜻과 음으로 바른 것을 고르시오.

2. 手 (   )   ①큰   대   ②두   이   ③석   삼   ④손   수

3. 木 (   )   ①아래 하   ②여자 녀   ③아버지부   ④나무 목

4. 門 (   )   ①날   일   ②문   문   ③눈   목   ④달   월

5. 月 (   )   ①맏   형   ②여섯 륙   ③달   월   ④여덟 팔

6. 土 (   )   ①일곱 칠   ②열   십   ③흙   토   ④아들 자

7. 金 (   )   ①쇠   금   ②성   금   ③쇠   김   ④돈   김

8. 男 (　　　) ①남자 남 ②작을 소 ③나무 목 ④불 화

9. 出 (　　　) ①왼 좌 ②메 산 ③북녘 북 ④날 출

 뜻과 음에 알맞은 한자를 고르시오.

10. 가운데중 (　　　) ①口 ②兄 ③中 ④足

11. 오른 우 (　　　) ①左 ②女 ③六 ④右

12. 해　년 (　　　) ①年 ②弟 ③十 ④東

13. 위　상 (　　　) ①七 ②上 ③下 ④一

14. 아홉 구 (　　　) ①火 ②山 ③九 ④小

15. 다섯 오 (　　　) ①三 ②北 ③二 ④五

16. 어머니모 (　　　) ①目 ②母 ③四 ④白

17. 큰　대 (　　　) ①西 ②人 ③大 ④八

 한자어를 바르게 읽은 것을 고르시오.

18. 江北 (　　　) ①공북 ②강남 ③공수 ④강북

19. 弟子 (　　　) ①제자 ②제수 ③자제 ④자수

20. 水火 (　　　) ①소화 ②수화 ③소인 ④수하

한자어의 뜻으로 알맞은 것을 고르시오.

21. 父兄 (   )

①아버지와 형.   ②아버지와 동생.

③큰아버지.   ④형과 동생.

22. 白日 (   )

①푸른 하늘.   ②청색과 백색.

③밝게 빛나는 해.   ④푸른 강.

 밑줄 친 한자어를 바르게 읽은 것을 고르시오.

23. 바람이 東南쪽에서 불어오고 있다.   (   )

①동북   ②남동   ③동남   ④남서

24. 자리를 內門 밖에 만들었다.   (   )

①내문   ②소문   ③인문   ④입문

 밑줄 친 부분을 한자로 바르게 쓴 것을 고르시오.

보기	25)외출했다 집에 돌아와서는 반드시 손발을 깨끗이 씻어야 한다.

25. 외출 (   )   ①外出   ②出入   ③外人   ④入出

 다음 물음에 맞는 답의 번호를 골라 답안지의 해당 답란에 표시하시오.

1. 오른쪽 그림에 알맞은 한자를 골라 그 번호를
   답안지에 표기하시오. ( )
   ① 十   ② 西
   ③ 出   ④ 大

 한자의 뜻과 음으로 바른 것을 고르시오.

2. 年 ( )   ①해 년   ②나무 목   ③열 십   ④다섯 오

3. 南 ( )   ①남자 남   ②녁 사   ③남녘 남   ④눈 목

4. 六 ( )   ①여덟 팔   ②여섯 륙   ③두 이   ④동녘 동

5. 父 ( )   ①아버지부   ②아들 자   ③물 수   ④메 산

6. 上 ( )   ①아래 하   ②흙 토   ③위 상   ④일곱 칠

7. 外 ( )   ①가운데중   ②서녘 서   ③달 월   ④바깥 외

8. 日 (　　　)　①입　구　②날　일　③어머니모　④오른　우

9. 弟 (　　　)　①북녘북　②강　강　③아우제　④맏　형

 뜻과 음에 알맞은 한자를 고르시오.

10. 흰　백 (　　　)　①白　②四　③目　④口

11. 왼　좌 (　　　)　①北　②右　③左　④江

12. 사람　인 (　　　)　①入　②八　③人　④九

13. 불　화 (　　　)　①火　②中　③東　④兄

14. 작을　소 (　　　)　①水　②小　③山　④十

15. 큰　대 (　　　)　①七　②土　③五　④大

16. 푸를　청 (　　　)　①靑　②母　③一　④西

17. 두　이 (　　　)　①三　②子　③二　④手

 한자어를 바르게 읽은 것을 고르시오.

18. 男女 (　　　)　①녀남　②남녀　③여남　④남려

19. 門中 (　　　)　①문구　②대문　③문중　④수문

20. 內外 (　　　)　①내외　②내석　③나인　④인수

한자어의 뜻으로 알맞은 것을 고르시오.

21. 靑年 (   )

①자기보다 나이가 많음.　　　②젊은 사람.

③해마다.　　　　　　　　　　④푸른 산.

22. 出金 (   )

①돈을 받음.　　　　　　　　②돈이 불어나다.

③산에 있는 돈.　　　　　　　④돈을 내어 쓰거나 내어 줌.

 밑줄 친 한자어를 바르게 읽은 것을 고르시오.

23. 집을 짓는 木手의 손길이 바쁘다.　　　　　　　　(   )

　　①소수　　　　　　②수수　　　　　　③목수　　　　　　④목삼

24. 해가 지기 전에 서둘러 下山했다.　　　　　　　　(   )

　　①산하　　　　　　②하산　　　　　　③연하　　　　　　④연산

 밑줄 친 부분을 한자로 바르게 쓴 것을 고르시오.

보기 │　　　우리나라는 25)팔월이 가장 더운 것으로 조사됐다.

25. 팔월 (   )　　①八年　　　②八月　　　③入月　　　④人月

 다음 물음에 맞는 답의 번호를 골라 답안지의 해당 답란에 표시하시오.

1. 오른쪽 그림에 알맞은 한자를 골라 그 번호를
   답안지에 표기하시오.　　　(　　　　　)

　①下　　　　　　　　②母

　③小　　　　　　　　④女

 한자의 뜻과 음으로 바른 것을 고르시오.

2. 江 (　　) 　①물　수　　②강　강　　③여섯 륙　　④손　수

3. 靑 (　　) 　①들　입　　②여덟 팔　　③여섯 륙　　④푸를 청

4. 弟 (　　) 　①아우 제　　②여자 녀　　③맏　형　　④아들 자

5. 水 (　　) 　①물　수　　②몰　수　　③큰　수　　④감　수

6. 出 (　　) 　①메　산　　②다섯 오　　③날　출　　④작을 소

7. 男 (　　) 　①남자 나　　②안　내　　③남자 남　　④여자 녀

8. 七 (   )   ①일곱 칠   ②큰   대   ③아홉 구   ④아들 자

9. 左 (   )   ①작을 소   ②왼   좌   ③오른 우   ④손   수

 뜻과 음에 알맞은 한자를 고르시오.

10. 해   일 (   )   ①手   ②日   ③內   ④火

11. 큰   대 (   )   ①大   ②人   ③一   ④口

12. 흙   토 (   )   ①二   ②三   ③木   ④土

13. 바깥 외 (   )   ①入   ②外   ③八   ④白

14. 가운데중 (   )   ①口   ②中   ③山   ④足

15. 북녘 북 (   )   ①南   ②北   ③土   ④父

16. 어머니모 (   )   ①母   ②西   ③東   ④口

17. 여자 녀 (   )   ①金   ②九   ③下   ④女

한자어를 바르게 읽은 것을 고르시오.

18. 小女 (   )   ①소년   ②연소   ③여소   ④소녀

19. 子弟 (   )   ①제자   ②자녀   ③자제   ④여자

20. 五目 (   )   ①오목   ②주목   ③오일   ④육일

한자어의 뜻으로 알맞은 것을 고르시오.

21. 年上 (   )

①한 해 동안.　　　　　　　　②한 해의 다섯째 달.

③서로 비교하여 나이가 많음.　④자신의 힘이 미칠 수 있는 범위.

22. 門中 (   )

①들어오고 나오는 문.　　　　②문의 중심에 있음.

③가운데의 문.　　　　　　　④성과 본이 같은 가까운 집안.

 밑줄 친 한자어를 바르게 읽은 것을 고르시오.

23. 우리 반의 학생 수는 <u>四十</u>명이다.　　　　　　(   )

①삼십　　　　②사십　　　　③오십　　　　④칠십

24. 내 생일은 <u>三月</u>에 들었다.　　　　　　　　　(   )

①일월　　　　②이월　　　　③삼월　　　　④사월

 밑줄 친 부분을 한자로 바르게 쓴 것을 고르시오.

보기 | 25)<u>오뉴월</u>이 되면 온 들판과 산은 푸르러진다.

25. 오뉴월 (   )　①五大月　②五六月　③大五月　④六五月

확인학습 모범답안

① 1.④ 2.① 3.② 4.④ 5.③ 6.② 7.④ 8.①

② 1.③ 2.① 3.④ 4.③ 5.④ 6.③ 7.③ 8.①

예상문제 모범답안

① 1.② 2.② 3.① 4.④ 5.① 6.② 7.③ 8.④ 9.① 10.③
11.④ 12.① 13.① 14.② 15.④ 16.③ 17.② 18.①
19.① 20.② 21.④ 22.③ 23.② 24.④ 25.④

② 1.④ 2.② 3.③ 4.③ 5.④ 6.② 7.④ 8.① 9.② 10.④
11.① 12.④ 13.③ 14.② 15.③ 16.① 17.③ 18.④
19.① 20.④ 21.② 22.① 23.④ 24.④ 25.③

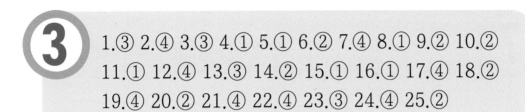

③ 1.③ 2.④ 3.③ 4.① 5.① 6.② 7.④ 8.① 9.② 10.②
11.① 12.④ 13.③ 14.② 15.① 16.① 17.④ 18.②
19.④ 20.② 21.④ 22.④ 23.③ 24.④ 25.②

④ 1.① 2.③ 3.① 4.④ 5.② 6.② 7.③ 8.① 9.② 10.④
11.① 12.④ 13.③ 14.① 15.① 16.① 17.③ 18.①
19.① 20.③ 21.① 22.④ 23.③ 24.④ 25.③

⑤ 1.② 2.② 3.① 4.① 5.② 6.③ 7.③ 8.④ 9.② 10.③
11.① 12.④ 13.② 14.② 15.② 16.① 17.③ 18.①
19.④ 20.④ 21.④ 22.② 23.③ 24.② 25.④

⑥ 1.④ 2.④ 3.③ 4.① 5.④ 6.② 7.③ 8.① 9.② 10.②
11.① 12.④ 13.③ 14.① 15.② 16.① 17.③ 18.③
19.① 20.④ 21.③ 22.① 23.④ 24.④ 25.③

7 1.② 2.③ 3.① 4.② 5.③ 6.④ 7.③ 8.④ 9.② 10.①
11.① 12.④ 13.③ 14.① 15.④ 16.① 17.③ 18.③
19.② 20.④ 21.③ 22.① 23.④ 24.② 25.③

8 1.③ 2.③ 3.① 4.② 5.③ 6.④ 7.③ 8.① 9.② 10.④
11.① 12.③ 13.③ 14.① 15.④ 16.① 17.③ 18.④
19.② 20.④ 21.③ 22.① 23.② 24.① 25.①

9 1.④ 2.④ 3.① 4.② 5.③ 6.④ 7.③ 8.① 9.② 10.④
11.② 12.④ 13.③ 14.① 15.④ 16.③ 17.④ 18.③
19.② 20.④ 21.② 22.① 23.② 24.② 25.③

10 1.③ 2.① 3.① 4.② 5.③ 6.④ 7.③ 8.④ 9.② 10.③
11.① 12.④ 13.③ 14.① 15.④ 16.① 17.③ 18.②
19.② 20.④ 21.④ 22.① 23.④ 24.2② 25.①

11
1.② 2.① 3.① 4.② 5.③ 6.④ 7.③ 8.② 9.② 10.①
11.③ 12.④ 13.③ 14.①15.③ 16.① 17.③ 18.③
19.② 20.④ 21.④ 22.② 23.④ 24.② 25.②

12
1.① 2.④ 3.② 4.② 5.④ 6.③ 7.② 8.① 9.③ 10.②
11.③ 12.④ 13.③ 14.② 15.④ 16.① 17.③ 18.③
19.① 20.④ 21.② 22.① 23.④ 24.① 25.①

13
1.② 2.② 3.③ 4.② 5.① 6.③ 7.① 8.④ 9.③ 10.④
11.③ 12.② 13.③ 14.① 15.④ 16.④ 17.④ 18.③
19.① 20.④ 21.② 22.④ 23.③ 24.① 25.②

14
1.② 2.③ 3.② 4.① 5.④ 6.② 7.④ 8.③ 9.① 10.①
11.③ 12.② 13.④ 14.③ 15.③ 16.① 17.② 18.④
19.① 20.③ 21.① 22.④ 23.③ 24.② 25.①

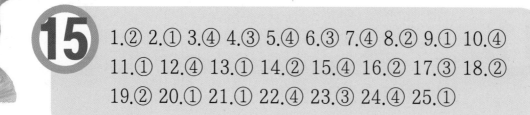

15 1.② 2.① 3.④ 4.③ 5.④ 6.③ 7.④ 8.② 9.① 10.④
11.① 12.④ 13.① 14.② 15.④ 16.② 17.③ 18.②
19.② 20.① 21.① 22.④ 23.③ 24.④ 25.①

16 1.① 2.② 3.④ 4.④ 5.① 6.③ 7.② 8.① 9.③ 10.③
11.② 12.① 13.③ 14.④ 15.③ 16.① 17.④ 18.③
19.② 20.④ 21.③ 22.② 23.① 24.② 25.③

17 1.② 2.④ 3.① 4.① 5.③ 6.④ 7.① 8.② 9.③ 10.③
11.④ 12.③ 13.③ 14.① 15.④ 16.② 17.② 18.①
19.④ 20.② 21.② 22.③ 23.② 24.② 25.②

18 1.④ 2.④ 3.④ 4.② 5.③ 6.③ 7.① 8.① 9.④ 10.③
11.④ 12.① 13.② 14.③ 15.④ 16.② 17.③ 18.④
19.① 20.② 21.① 22.③ 23.③ 24.① 25.①

19
1.③ 2.① 3.③ 4.② 5.① 6.③ 7.④ 8.② 9.③ 10.①
11.③ 12.③ 13.① 14.② 15.④ 16.① 17.③ 18.②
19.③ 20.① 21.② 22.④ 23.③ 24.② 25.②

20
1.① 2.② 3.④ 4.① 5.① 6.③ 7.③ 8.① 9.② 10.②
11.① 12.④ 13.② 14.② 15.② 16.① 17.④ 18.④
19.③ 20.① 21.③ 22.④ 23.② 24.③ 25.②